基于标准的评价研究丛书

▌ 总主编　崔允漷 ▌

基于学科素养的
表现标准研究

邵朝友　著

A Study on Performance Standards
Based on Subject Competencies

华东师范大学出版社
·上海·

图书在版编目(CIP)数据

基于学科素养的表现标准研究/邵朝友著.—上海:华东师范大学出版社,2017
(基于标准的评价研究丛书)
ISBN 978-7-5675-6109-0

Ⅰ.①基… Ⅱ.①邵… Ⅲ.①教育质量-教育评估-标准-研究 Ⅳ.①G40-058.1

中国版本图书馆 CIP 数据核字(2017)第 024122 号

基于标准的评价研究丛书
基于学科素养的表现标准研究

著　　者　邵朝友
策划编辑　王冰如
审读编辑　赵　璐
责任校对　时东明
装帧设计　卢晓红

出版发行　华东师范大学出版社
社　　址　上海市中山北路 3663 号　邮编 200062
网　　址　www.ecnupress.com.cn
电　　话　021-60821666　行政传真 021-62572105
客服电话　021-62865537　门市(邮购)电话 021-62869887
地　　址　上海市中山北路 3663 号华东师范大学校内先锋路口
网　　店　http://hdsdcbs.tmall.com

印 刷 者　常熟市文化印刷有限公司
开　　本　787×1092　16 开
印　　张　12.25
字　　数　220 千字
版　　次　2017 年 7 月第 1 版
印　　次　2021 年 2 月第 5 次
书　　号　ISBN 978-7-5675-6109-0/G·10088
定　　价　32.00 元

出 版 人　王　焰

(如发现本版图书有印订质量问题,请寄回本社客服中心调换或电话 021-62865537 联系)

全国教育科学规划课题教育部重点课题
"基于核心素养的形成性评价研究"(项目编号：DHA150273)成果

国家社会科学基金教育学青年课题
"基于认知过程的中学生科学学科能力的表现标准研究"
（项目编号：CHA110128）成果

迎接新的教育评价范式

——代总序

崔允漷

半个世纪以来,教育评价的理论领域也许没有出现诸如布卢姆(B. Bloom)的教育目标分类学之类的重大成果,但教育评价的实践领域却发生了巨大的变革。这种变革源于知识观、学习观的变化,也与社会发展和教育发展目标的变化有关。从评价实践的变革中,人们似乎可以看到,教育评价实践领域正在发生一个范式转换,而在学生学业成就评价领域中,这种范式转换似乎更为明显。

一

教育评价特别是学生学业成就评价领域在近几十年中正在发生着巨大的变革,这种巨大的变革是教育评价历史上从未有过的,具体表现在以下几个方面。

(一)"对学习的评价"依然受关注,但"为学习的评价"逐渐成为主流

为什么要进行学生学业成就评价? 美国学者洛克希德(M. E. Lockheed)认为当前学生学业成就评价有六个最普遍的目标: 为高一级的教育选拔学生;认证学生的成就;监测成就变化的趋向;评价特定的教育项目和政策;促使学校、学区对学生成就负责;诊断个体的学习需要。[①] 在这六个方面的目标中,有些是评价最原始的目标,如选拔,有些则是近几十年来才出现的目标,如监测、政策评价和问责。但除了诊断学生个体的学习需要外,为其余五个目标实施的评价基本上都属于"对学习的评价"(Assessment of Learning)。

---

① Lockheed, M. E.. Assessment and management: World Bank support for educational testing [C]In A. Little & A. Wolf (Eds.). Assessment in transition: Learning, monitoring and selection in international perspective. Pergamon Press, 1996: 29 - 30.

在当前的学生学业成就评价实践中,认证性和选拔性评价依然具有非常重要的地位,因为个体进入社会生活需要获得相应的学业成就水平的证明,高一级教育资源和社会资源相对有限,需要相对公平的分配机制;监测性评价则源于国家对教育质量的责任和对有关教育质量的信息需求,近年来得到很大发展,这不仅表现在许多国家层面的教育质量监测体系的建立,也表现在众多国家参与国际性学生学业成就评价项目的热情;用于政策或项目评价的学生学业成就评价因为科学决策的要求而发展;学生学业成就评价同样被广泛地作为对地方、学校、教师和学生个体进行问责,并促使其对自己的职责承担责任的工具。

在这里,我们可以看到,"对学习的评价"不仅没有削弱,反而正在得到加强。但是,当前教育评价领域中关注最多的还是"为学习的评价"(Assessment for Learning)。实际上,对"为学习的评价"的关注在 20 世纪 60 年代就已经开始。布卢姆的教育目标分类学表明教育者开始清楚地表达对一种专门为教育目标,且能被用于计划、教学、学习和评价这一循环圈中的评价的需求。[①] 这种教育评价是一种支持学习的评价模型,它关注相对于自己而非他人的个体成就;检测能力而非智力;发生于相对不受控制的情境中,因此不能产生"人人都可通用的"(well-behaved)数据;寻求最好的而不是典型的表现;当摆脱了作为标准化测验的特征的规则和限制时,它最有效;体现着一种建设性的评价观,目的在于帮助而非惩罚学生。[②] 而格拉泽(R. Glaser)将标准参照测验和常模参照测验区分开来,就是一种将教育评价从经典的心理测量学中分离出来的一个重要尝试。

当前,对学习的关注已经成为教育评价改革的一个大观念(big idea)。教学、学习和评价三位一体的关系得以建立,评价被看成镶嵌于教—学过程之中的一个成分。对各种新型评价方式的倡导,内部评价尤其是课堂层面的评价得到高度关注,对多元评价尤其是学生参与评价的倡导,对评价结果的适当运用的规范,等等,无不反映着"为学习的评价"的理念。即使在为监测、问责等目的而实施的学生学业成就评价中,促进学生的学习同样是一个重要的关注点。

(二) 评价管理体制变革明显,平衡的学生学业成就评价体系正在形成

就传统而言,世界各国的教育管理体制几乎都可以归入两大阵营:集权和分

---

① Gipps, C.. Assessment for Learning [C]In A. Little & A. Wolf(Eds.). Assessment in transition: Learning, monitoring and selection in international perspective. Pergamon Press, 1996: 254.

② Gipps, C.. Assessment for Learning [C]In A. Little & A. Wolf(Eds.). Assessment in transition: Learning, monitoring and selection in international perspective. Pergamon Press, 1996: 255.

权。这种传统的力量非常强大,经常在教育政策的制定过程中扮演着极为重要的角色。近几十年来,世界各国的教育管理体制正在发生急剧的变革。从表面上看,两种不同传统的教育管理体制似乎正在走向其对立面,但不同的路径指向的却是同一目标,即集权和分权之间的适当的平衡。

在整个教育管理体制的变革中,评价管理权起着一个核心的作用——考试控制权的回收或下放被当作促成教育管理体制变革的强有力的杠杆。

在美国,在《国家在危急之中》发布之后,几乎每个州都采取了自上而下的旨在提高标准的努力,如提高对学术课程的要求,强化对教材的控制,州课程指南的运用等,但最为普遍的还是针对所有年级的全州考试,试图以此来重塑学校教育实践。联邦政府甚至每年出版排名表(Wall Chart),按照标准化测验的成绩对各州进行排名,而各州也将这种年度活动复杂化,将学区的排名公开化,而学区的管理层又进一步将学区内学校的排名公开化。在英国,1988 年教育法案中一个基本思路就是削减地方教育当局的教育权力和课程上的自由裁量权,将教育控制权由地方收归中央。政府特别相信考试控制权的回收具有将教育管理权从地方收归中央的能力,因此,全国性的考试系统建立起来了,学生必须定期参加考试,考试结果要公开发布。

而一些传统上高度集权的国家,考试系统的控制却走向相反的方向。在法国,考试权力传统上高度集中于中央政府,从十九世纪初开始中央政府就是全国考试所测量的标准的守卫人,考试系统就是中央政府小心保护的主要教育特权之一。但从 1980 年代早期开始,教育管理中实施了一种温和的权力下放政策,地方获得了更多的权力。

事实上,上述两种表面上看来完全相反的趋势本质上却是一致的。教育管理上的分权趋向更多是从教育输出方面考虑的。基于对传统的输入或过程评估模式的反思,西方开始更多从结果方面考虑教育的质量;而要使学校教育获得良好的结果,学校就必须获得相当程度的自主权,传统的自上而下管制的方法只能解决输入的问题,对于学校教育的真正改善效果有限。学校要改善,就必须获得相关的信息,因此分权发生了。但国家将教育权力赋予地方、学校层面并不意味着国家不需要相关的信息,实际上,所有层次的管理者都需要信息来改善其决策的效能。因此,保证分权和监控之间的适当张力——决策上的去中心化(过程规制与专业主义控制)与基于结果的问责——就成为几乎所有国家的共同选择,以实现国家规制和地方控制上的平衡。①在评价事务上,就是国家评价与地方、学校层面的评价的平衡。

从一个国家内部看,评价的权力似乎也正在向两头延伸。一方面,国家层面的教育质量监测成为许多国家的现实做法和追求,试图建立国家教育质量监测体系来监测预设的标准的达成状况,对地方、学校进行问责,进而保证教育目标的实现。而另一方面,人们又普遍相信,学习最终发生于课堂之中,当现实中教师将其三分之一到一半的教学时间用于评价及与评价相关的事务上时,如果评价不能在日常的课堂实践中有效地运行,那么其他层面(学区、州、国家和国际)上的评价完全是浪费时间和金钱。② 因此,内部评价,特别是课堂层面的评价,也就成为当前评价改革的一个核心关注点。有些国家教师自己实施的评价甚至被当作学生学业成就评价的核心成分,作为选拔、认证乃至问责的依据。如在英国的全国评价项目中,教师评价是最终评价的一个正式的成分。在澳大利亚的昆士兰,20 年来没有基于学科的公开考试,大部分学生评价来自于改善后的教师评价。

(三) 传统的考试一统天下的地位被颠覆,诸多新型的评价方式得到广泛运用

在传统的学生学业成就评价中,其实并不缺少口试、对实际表现的观察之类的评价方式。可是,受到 20 世纪初心理测量在军事领域中的成功的诱惑和刺激,常春藤联合会的入学考试机构——大学入学考试委员会(College Entrance Examinations Board, CEEB),在 1926 年采用难度更高的"军队阿尔法",编制了学术性向测验(Scholastic Aptitude Test, SAT)。这种标准化测验因为基于心理测量学而披上了"科学"的外衣,这使得它在科学主义甚嚣尘上的年代极具诱惑力。很快,这种基于心理测量学的考试取代了原本运用论文式考试的选拔性评价,而且发展成为学校教育系统中各种评价的主要形式。尽管后来有许多测验宣称测量"成就"而不是"性向",但依然采用 SAT 的形式,或者就是心理测量的形式——这种考试获得了在教育评价领域中一统天下的地位。

然而,在这样一种考试模式获得其统治地位的同时,所引发的批评和质疑也不绝于耳。SAT 的倡导者布里格汉姆(C. Brigham)就已经预见到标准化测验可能带

---

① Olmedilla, Juan M.. Tradition and change in national examination systems: A comparison of Mediterranean and Anglo-Saxon countries [C]In M. A. Ecksteino &. H. J. Noah, Examinations: Comparative and international studies. Pergamon Press, 1992: 142.

② 转引自:Roschewski, P., Gallaher, C., &. Isernhagen, J.. Nebraskans research for the STARS [J]. Phi Delta Kappan, 2001(8): 611－615.

来的消极后果。近年来,当知识观、学习观发生变化,尤其是建构主义的学习理论兴起之时,在美国,这种批评"多年来局限于进步的批评家和学术传统主义者,如今却经常出现在《华盛顿邮报》、《纽约时报》、《华尔街杂志》、《新闻周刊》上,甚至出现在黄金时间的电视节目上"。① 而在我国,这种批评同样不再局限于学术媒体,而频繁地出现在《羊城晚报》、《北京文艺》、《中国青年》、《南方周末》之类的大众媒体上。更多关注结果的可比较性和公平性,很少考虑对学习的加强和支持。它鼓励学生对事实性知识的掌握,鼓励再生他人的观点,激励"肤浅的学习",不能导致对"高等级的思考技能"的学习;当考试具有高利害关系时,教师常被鼓励去追求更高的分数,"为考而教",而不是去更好地理解学生学习上的困难;一些消极的甚至不合伦理的实践就成为学生学习中的常态。在这种情况下,最完美、最有效的考试却导致最糟糕的学习。②

在这种背景下,标准化测验的统治地位受到了猛烈的冲击,尽管其市场依然巨大,但诸多冠以"表现性评价"(Performance Assessment)、"真实性评价"(Authentic Assessment)或者"另类评价"(Alternative Assessment)之名的新型评价方式正在成为众多评价项目的重要方法,甚至在诸如监测、问责、升学之类传统上由大规模的标准化测验控制的领域发挥作用。这些新型评价关注高层次学习所要求的批判性思考和知识整合,要求评价任务本身是技能或学习目标的真实例子,而不是替代物,期望学生通过思考生成答案而不是在多个选项中选出正确答案。

比如表现性评价,目的在于测量学习者运用先前所获得的知识解决新异的问题或完成具体任务的能力,常常运用真实的生活或模拟的评价练习来引发最初的反应。③ 表现性评价不仅评价学生"知道什么",更重要的是评价学生"能做什么";不仅评价学生行为表现的结果,更评价学生行为表现的过程;不仅是对某个学习领域、某方面能力的评价,而且评价学生综合运用已有知识进行实作与表现的能力。在这一些方面,表现性评价所能做的正是选择式、记忆式的纸笔考试所无法企及的。正因如此,表现性评价开始成为诸多学生学业成就评价项目中的重要评价方式。如英国各学科的 A 级考试中,借助于表现性评价的"中心评审课程作业"普遍

① Berlak, H.. The need for a new science of assessment [C]. In H. Berlak & F. M. Newmann. Toward a new science of educational testing and assessment. State University of New York Press, 1992: 8.
② 王少非. 校内考试监控研究[D]. 上海:华东师范大学博士论文,2007: 13.
③ Stiggins, Richard J.. Design and development of performance assessments [J]. Educational Measurement: Issues and Practice, 1987(6).

占20％—35％的分数比重。① 又如,我国香港地区,名为"教师评审制"的表现性评价的分数在高考中占到了20％—30％的比例。② 另外,国际教育成就评价协会(International Association for the Evaluation of Educational Achievement, IEA)在第三次国际数学和科学研究(The Third International Mathematics and Science Study, TIMSS)中对表现性评价的运用也为大规模进行表现性评价提供了范例。③

(四) 教育评价的心理测量学基础被动摇,新的教育评价文化正在兴起

相对于以往随意化的评价,心理测量学成为教育评价的基础无疑是教育评价发展史上的一个里程碑。然而,当评价的目标发生变化,转向对学习的促进时,教育评价的心理测量学基础就不可避免地受到质疑。

从根本上讲,心理测量学的诸多假定都来源于关于测验目的的假定。借用现代科学主义的话语,心理测量学将其所发明的测验称为"工具",而且是一种外在于历史与文化的,不受感情或价值观影响的、公正无偏的科学的工具,这种工具的根本功能被假定为"选拔",进而"安置",即对个体或群体进行区分,然后将之归到被认为适当的位置上。区分的根据就是个体身上那种稳定的不变的东西,因此,基于心理测量学的测验就只能测量人类的少数特性,通常是那些不受教育影响的特性,也就是智力或自然倾向。测验就是要测出个体到底有"多少"这样的特性,而不关注个体在这些方面的表现有"多好"。当信度和常模成为教育评价的核心关注点时,教育评价就不再关注个体,而是关注个体与他人(常模)的比较,这导致学生在教育评价中的被动地位和无力感,因为他们能决定自己的成绩,但不能影响他人的成绩;同样,这种关注使得对统计分析的适合性成为教育评价(包括考试)设计的重要关怀,而对于评价在课堂中的意义,对于评价在促进学生学习和提高学业成就的意义,则基本上没有关怀。而在教育评价中,所应当评价的东西与心理测量学期望测量的东西有本质的不同,学生学业成就显然是教育的结果,而不是不受教育影响的固有的不变的特质——相对于智力和自然倾向,换言之,作为教学的直接结果的成绩是"脏"的,它直接受到教学和教师的影响。就此而言,那种基于心理测量学的、看起来非常成熟的技术标准不能适合指向于不同目的、需要不同方法的教育评价。

① 冯生尧,谢瑶妮. 英国高考中的表现性评价: 中心评审课程作业[J]. 比较教育研究,2006(8).
② 冯生尧. 香港高考教师评审制的特点和启示[J]. 课程・教材・教法,2004(10).
③ 周文叶. 论表现性评价在综合素质评价中的运用[J]. 全球教育展望,2007(10).

　　而在柏拉克(H. Berlak)看来,心理测量学范式中测验不只是不适合教育评价的问题,"植根于一个不合时宜的范式之中的标准化和标准参照测验阻碍了学校的更新和重构。当我们进入20世纪的最后十年时,至少对于那些外在于测验编制的人而言,标准化和大部分标准参照测验所基于的假定是明显站不住脚的。在这一范式的废墟之外,一种新的范式正从许多并不完美的解决教育成就评价的实践问题的努力中缓慢地出现……"①

　　有人将正在出现的新的评价范式描述为"评价文化"。② 它强调真实的情境化的测验,强调运用多元评价,强调对高层次技能而不是知识的再生产的评价;不仅关注对认知的评价,而且包括对元认知、情感和社会维度以及心理动力机能的评价;关注将评价整合到学习之中;学生越来越多地承担评价过程中的责任;将"对学习的评价"与"为学习的评价"整合。在这种评价文化中,传统的智慧正被超越,新的智慧正在出现:

　　教学智慧——关注学习;

　　学习智慧——反思性的、主动的知识建构;

　　评价智慧——情境化的、解释性的、基于表现的。

<h2 style="text-align:center">二</h2>

　　柏拉克将教育评价中心理测量学基础的动摇看成教育评价"范式转换"的一个环节。的确,基于心理测量学的教育评价不能解决现实的教育评价中的一些"例外",因而竞争性理论或实践模式出现并尝试排挤它就不可避免。就此而言,柏拉克的结论完全正确。

　　可是,柏拉克的视野也许狭窄了一些。当前教育评价中的范式转换也许不仅仅是因为以心理测量学为教育评价基础的观念被动摇,更是因为教育评价领域诸多信念、原理、实践方式的变化——在上一部分的初略描述中,我们已经能够获得关于这种变革的一个图景。正是这一些变革使得教育评价真正发生了更大的范式

---

① Berlak, H.. The need for a new science of assessment [C]. In H. Berlak & F. M. Newmann. Toward a new science of educational testing and assessment. State University of New York Press, 1992: 12.

② Birenbaum, M.. New insight into learning and teaching and their implications for assessment [C]In M. Segers, F. Dochy, & E. Cascallar (Eds.). Optimising new modes of assessment: In search of qualities and standards. Kluwer Academic Publishers, 2003: 15.

转换。

范式(Paradigm)和范式转换(Paradigm shift)是美国科学史家托马斯·库恩(Tomas Kuhn)在1962年出版的《科学革命的结构》(*The Structure of Scientific Revolutions*)一书中提出的概念。如今,尽管这两个远非清晰的概念(库恩本人也承认他对"范式"一词的使用出现了"弹性"),却被广泛地套用到创新的乃至传统的领域。库恩没有对范式下过定义。他在《科学革命的结构》给出了"范式"的21种用法,大致上可分三个层面:(1)哲学层面的范式,如:信念、有效的思维方式、标准、公认的看法、条理化规则等。(2)社会学层面的范式,如:公认的科学成就、具体科学成就、一套科学习惯、一套政治制度、司法裁决等。(3)人工科学层面的范式,如:教科书或经典著作、工具、仪器、类比、格式搭图像等。但总体来说,一个科学的范式就是一套关于现实的假设,以及说明它所面对的事实的一套规则。具体来讲,范式的基本含义应包括以下几个方面:共同遵守的"科学共同体信念";公认的范例;与共同信念和模型相适应的方法。换言之,范式就是共同信念、模型、方法三者的有机统一。

所谓范式转换,实质上是一个旧范式灭亡和新范式发生的过程,在库恩的话语体系中它等同于科学革命。按照库恩的观点,当已有的范式不能说明与解释新出现的事实与社会现象,直接导致反常和危机——也即"例外"——的出现时,就会导致一些争论,这些争论可能导致基础范畴、理论体系的创新和新的分析问题和解决问题方法的产生,信念、理论、方法等重新组合,形成能够更好地解释现实和解决现实问题的新范式。这一范式转换的过程大致上可以简单地描述如下:范式1——常规科学(在范式1指引下积累的知识)——异例(即范式1不能全面解决的新现象)——危机(即范式1从根本上受到怀疑)——革命(即范式1全面崩溃)——范式2。

从第一部分所描述的评价变革看,原有的教育评价范式因为不能有效解决教育评价领域所出现的现实问题而受到根本的怀疑,一些基础的范畴,如评价的目的、评价的方式,甚至评价方法的基础都从根本上受到质疑。而且,当人们开始相信更重要的是"为学习的评价"而不是"对学习的评价"时,原本为"对学习的评价"而建立的那个范式在根本上崩溃也许就不可避免了。因为在库恩的范式结构中,处于最高层次的是世界观和价值。范式之所以得到承认,是因为科学共同体成员有共同的价值观念和标准。这些价值观念和标准决定了范式的第二层次,范式的思想内容,也就是一个特定时代和特定领域中的基本定律和基本理论。柏拉克所称的"废墟"之外正在生长的东西就是在"为学习的评价"引导、规范之下生长起来的,这不仅表现在哲学层面,也表现在社会学和人工科学层面。这些新的东西正在得到教育共同体越来越多的成员的"选票",成为指导教育评价的基本原则。

然而,一种新范式的产生也必然会留下种种有待解决的问题。按照库恩的观点,能被称为范式的应当是常规科学(Normal Science),而且这种常规科学还必须具备两个特征:足以空前地把一批坚定的拥护者吸引过来,使他们不再去进行科学活动中各种形式的竞争;同时又足以毫无限制地为一批重新组合起来的科学工作者留下各种有待解决的问题。①

如何让评价有效地促进学生的学习?这也许是新的教育评价范式亟待我们去解决的问题。特别是,当新一轮课程改革以课程标准的方式对学生的学习结果作了清晰的明确的规范之时,我们如何运用评价让学生更好地达成课程标准对他们所知和能做的期望,这就是我们迫切需要解决的问题。

教育有了课程标准之后,会是什么? 国际经验已经告诉我们: 随着我国课程标准的出台,随之而来的就是"基于标准"的运动,如基于标准的课程设计,基于标准的教学,基于标准的评价,基于标准的问责,基于标准的资源开发,等等。《基础教育课程改革纲要(试行)》明确规定:国家课程标准是教材编写、教学、评估和考试命题的依据,是国家管理和评价课程的基础。然而,新课程进入实验区已经 8 年了,我们的课程标准却依然更多是一个文本,未能对教学、评价产生明显的影响。原因在于,我们缺少这方面的知识基础,评价方面尤其,而评价又恰恰被视为当前课程改革的瓶颈。

三

三年前,我们的团队由钟启泉教授领衔申报了教育部哲学社会科学研究重大课题攻关项目"素质教育课程评价体系研究"(课题编号:04JZD00025),我本人也申报了教育部哲学人文社会科学研究重点基地重大项目"基于标准的学生学业成就评价研究"(课题编号:05JJD880010),期望通过我们的工作获得关于评价的一些新的知识基础。尽管这一领域的研究对我们而言极具挑战性,但我们的研究还是取得了丰硕的成果。本套丛书即为我们的成果之一。

---

① [美]托马斯·库恩. 科学革命的结构[M]. 金吾伦,等,译. 北京: 北京大学出版社,2003: 8.

本套丛书的编写者都是具有博士学位的高校中青年教师,在教育理论和教育实践方面具有较为丰富的经验,而且对我国的教育现实及中国教育的发展前景有一个比较清醒的认识,也都乐于在评价方面贡献自己的学识和智慧。他们在新的评价范式之下探究了基于标准的评价的诸多领域,既包括基于标准的评价体系、模式等宏观领域,也包括评分规则及学科领域的评价等微观领域;既包括外部考试、校内考试等传统的纸笔考试,也包括表现性评价等新型评价方式;既涉及基于标准的问责等政策问题,也涉及学校内部的发展性评价等制度问题;既涉及开放题编制、评分规则开发等技术问题,也涉及教师整体的评价素养问题。所有这些研究领域都源于我国当前教育评价的现实问题,也是我国课程改革乃至素质教育推进中必须解决的关键问题。我们相信,关于这些领域的研究必将能为评价发展乃至教育发展提供重要的知识基础——至少提出了一些新范式关注的"有待解决的问题"。

在本套丛书出版之际,我感谢我们的研究团队成员为之作出的巨大努力,没有他们各司其职及团结协作,我们的研究任务不可能顺利完成;感谢教育部社会科学司对本项目提供的资助和华东师范大学"985"工程哲学社会科学"教师教育理论与实践"创新基地提供的平台;感谢华东师范大学出版社为本套丛书提供了出版机会,使我们的研究成果与更多的同仁分享。

前言

　　我们正在经历一场史无前例的追求教育质量的运动。在这场运动中,作为学业质量要求的标志——表现标准被世界各国视为监测、保障国家教育质量的关键所在。然而,表现标准在我国缺席已久,严重阻碍了基础教育质量监测与保障体系的建立,因而探讨表现标准具有重大的理论价值与现实意义。

　　在我国"追求公平,提高质量"的教育改革背景下,本书运用历史研究法、问卷调查法、案例研究法,具体探讨"我国何以亟需表现标准"、"基于学科素养的表现标准是什么"、"如何研制基于学科素养的表现标准"三个基本问题。为此,本书安排了六章内容,其中第一章,第二、三章和第四、五、六章分别回答了这三个问题。

　　我国何以亟需表现标准? 第一章通过考察美国、英国、澳大利亚、德国、瑞士、芬兰、新南威尔士、台湾等国家与地区的教育改革,指出表现标准在当今基于标准的国际教育改革中发挥着关键作用。反观我国,由于表现标准的缺席,教育系统的发展方向迷失,基础教育课程改革无法深入推进。

　　基于学科素养的表现标准是什么? 通过考察表现标准的历史演变,第二章明晰并界定了现代意义上的表现标准:它源于学科素养,是学科素养的表征,以课程与教学为取向,指向学科素养要求,描述学生掌握内容标准程度与证据的规范化学习结果。第三章进一步探讨了学科素养的基本内涵,并基于对各个国家与地区的教育标准与大型国际评价项目的考察构建出一种由学科素养、学科主题、认知要求、表现水平、问题情境构成的学科素养模型的分析框架,进而重点剖析了如何通过学科素养模型实现学科素养向表现标准的转化。

　　如何研制基于学科素养的表现标准? 第四章先从组织架构、研制路径、研制流程三个方面考察,比较各个国家与地区表现标准的研制程序,进而基于这些经验和本土现实,就我国将来开发表现标准所需的研制程序作出了理性的思考。接着,第五章聚焦于表现标准的编制,系统地探讨了把学科素养具体化为表现标准基本构成要素所需的四项关键技术,即明确学科素养转化为表现标准的方式、选择表现标准的呈现方式、拟定表现水平、确定表现样例。进而,结合上述的程序与技术,第六章开发了一个基于数学建模素养的表现标准案例,期望通过与实践的对话,以说明开发基于学科素养表现标准的专业性与复杂性,为我国将来研制表现标准提供参考经验与建议。

随着我国对课程标准内涵的深入认识,研制表现标准必将成为我国未来课程标准的发展方向,上述三个问题的回答将为表现标准研制提供应有的借鉴与贡献。

目录

引论

一、研究背景

随着全球化时代的来临,国家之间的竞争日益加剧。为提高国家竞争力,世界各国无不把教育放在国家发展的战略位置,纷纷发起以教育质量为核心的教育改革,把提高教育质量作为重中之重。

提高教育质量,首先要提供有质量的教育,但在提供教育之前我们需要知道教育质量的要求是什么,需要事先制订教育质量标准。[①] 表现标准就是这样一种教育质量标准,是教育质量要求的集中体现。当今许多国家都制订表现标准,用以规范课程教学与评价,并将其视为教育政策的核心、课程改革的关键。以英国为例,为提高教育水平,早在1988年英国就出台了国家课程(National Curriculum),把它作为确保教育质量的关键。国家课程主体构成就是表现标准,在英国基础教育体系中具有举足轻重的影响,其手册开篇序言第一句即说"国家课程是我们提升教育水平的政策核心"[②]。与英国一样,其他国家或地区为了提升教育质量,相继制订表现标准,启动国内学习质量指标研究、评估与监控,期望以此来及时了解、监测教育现状。

我国于2001年发动了第八轮基础教育课程改革,十多年来从教育理念到课程

[①] 当前国内存在教育质量标准、学业质量标准、教育标准等众多内涵与外延交差的基本概念,本书主要从教育输出的视角取其共同内涵,即它们都指向学生学业成就的要求。据林劭仁对国际教育百科全书、相关权威学者对教育标准分类的综合考察,教育标准可分为内容标准、表现标准、学习机会标准,本书主要关注前两者。具体参见:林劭仁. 教育评鉴——标准的发展与探索[M]. 台北:心理出版社,2008:59—60.

[②] DfEE. The National Curriculum: Handbook for primary teachers in England [M]. London: HMSO, 1999: 3.

设置都发生了翻天覆地的可喜变化。但随着课程改革的深入,人们发现课程标准与课程实施之间存在着鸿沟、教育质量不能得到有效监控与基本保障、课程改革的理念不能得到真正落实。究其原因,教育质量标准的缺失是关键原因之一。正当我国教育发展开始从"数量扩张"转向"质量提升"之际,这种缺失显然不利于我国教育健康发展,无法实现我国从人口大国向人力资源大国转变的目标。就此,我国政府出台了《国家中长期教育改革和发展规划纲要(2010—2020)》,明确指出树立教育质量为核心的发展观、制定教育质量国家标准、建立健全教育质量保障体系。① 为与国际教育接轨,也为了促进我国课程改革纵向深入发展,研制表现标准成为亟待解决的重大课题,成为我国课程评价领域无法回避的研究课题。

事实上,课程评价已经引起国内学界的广泛关注,基于教育标准的评价成为关注的核心,相关期刊、论文、专著颇多,但它们大多侧重于评价技术与实务的探讨,鲜有专文探讨教育标准本身。总体而言,我国关于表现标准的研究极其薄弱,亟待加强理论研究。另一方面,目前国外关于表现标准研究已有众多研究成果,但综观这些研究成果,它们对表现标准的基本定位并无统一认识,表现标准的相关理论知识需要进一步明晰;不同国家和地区相关表现标准研制经验亟待考察,若要借鉴这些研究成果,需要做文献梳理,更需要站在我国背景下加以审视并做本土化处理。

基于上述现实与理论需要,笔者选择了表现标准作为研究主题,希望通过本研究能为我国将来研制表现标准提供一些参考。

二、文献评析

为明晰研究问题的起点,有必要对相关文献做梳理与分析。下文将从国内外研究现状着手,梳理现存文献并作相关评析。

(一) 国内研究现状

在国内,有关表现标准的研究非常稀少。如果以"表现标准"、"学科素养或能力表现"、"学业质量标准"、"教育质量标准"、"表现水平或素养水平"、"学业成就评价标准"、"国家课程框架"等分别作为关键词或主题词进行检索,无论是大陆地区

---

① 顾明远,石中英.国家中长期教育改革和发展规划纲要(2010—2020)解读[M].北京:北京师范大学出版社,2010:39—64.

的学术期刊网或台湾地区的教育论文线上资料库,所得结果都寥寥无几。同样在谷歌上以上述词条查询相关书目,几乎找不到什么出版物。根据研究内容,这些仅有的资料大致可分为以下三类。

1. 关于表现标准是什么

这类文献最常见,基本是以介绍表现标准是什么为主,目的是呼吁国家必须加强这方面建设。如胡军[①]、黄伟和张民选[②]、夏雪梅[③]等对各国教育标准的介绍,各自指出各国教育标准中不仅包括内容标准,还包括表现标准,而后者是对前者更具体的描述,能为教学与评价描述出具体的目标;或者在论述内容标准与表现标准关系之余,论述表现标准与评价的关系。根据文章内容,大致可以看出,表现标准由表现水平、表现样例(主要包括评价任务与学生作品)组成。也有个别研究者从学科角度来探讨表现标准的价值与意义,如杨光伟和江建国认为,我国数学探究的评价标准应该加以明确,要体现评价促进学生发展的理念。[④]

2. 关于表现标准的开发

该类文献最为少见,它们主要指向表现标准的开发及其与学科素养模型的关系。这以杨向东的观点为代表。杨向东指出,学业质量标准的制定是规范化表现标准与经验研究结合的结果,制定的依据在于学科素养模型。随后他进一步提出建构学科素养模型的设想:各种素养或构成的界定;不同素养之间的相关关系或结构,或者不同维度素养的理解和整合;对各种素养的学习水平的界定和描述;对素养在不同学习水平上的发展机制的阐述。[⑤]

3. 关于表现标准的应用

该类文献以卢晓明和郎建中[⑥]编著的《学习能力表现的理论与实践》为代表。该书重点参考了由人民教育出版社 2004 年出版的"美国学科能力表现标准丛书",

① 胡军. 加拿大 1—8 年级科学与技术教育标准(2007 修订版)研究[J]. 课程·教材·教法,2008(6): 92—96;胡军. 学生学习成果评价标准不能在教育标准中缺失——澳大利亚科学课程内容与标准给我们的启示[J]. 课程·教材·教法,2005(9): 12—17.
② 黄伟,张民选. 来自《美国学科能力表现标准》的观照:我国课程标准亟待建设[J]. 外国中小学教育,2008(3): 43—47.
③ 夏雪梅. 澳大利亚国家学业质量标准的设计与反思[J]. 全球教育展望,2012(5): 49—54.
④ 杨光伟,江建国. 美国学科能力表现标准对数学探究学习的启示[J]. 外国中小学教育,2009(5): 34—37.
⑤ 杨向东. 基础教育学业质量标准的研制[J]. 全球教育展望,2012(5): 32—41. 为便于论述,引用时做了一定调整。
⑥ 卢晓明,郎建中. 学习能力表现的理论与实践[M]. 上海:百家出版社,2008: 1—20.

通过比较并结合实际需要,从标准的具体指标、作业案例、评注三个维度来描述学生素养表现。台湾地区的卢雪梅则从评价角度阐述表现标准在学生学业成就报告中的作用,并以美国加州表现标准为例指出,表现标准的表现水平描述语有助于家长、学生了解学生学业成就水平。[①]

(二) 国外研究现状

相比国内研究,国外研究更为充分而全面。如果在谷歌上输入"performance standards"(表现标准)、"performance levels descriptors"(表现标准描述语)、"achievement standards"(成就标准),界面上可见到成千上万条信息。网页抽样显示,这些资料基本以各个国家、地区或州的官方教育网站公布的表现标准为主。

借助华东师范大学、加拿大英属哥伦比亚大学、德国洪堡大学等高校的图书馆提供的信息资源中心,把"performance standards"、"performance levels descriptors"、"achievement standards"作为主题词或关键词输入"SAGE Social Science & Humanities Package"、"JSTOR"、"Springer Link Journals"、"ProQuest"、"ERIC"等数据库查找,可找到的资料并不多。事实上,大体可把有限的资料分为四大类。

1. 关于表现标准的兴起背景

表现标准的提出涉及众多因素,但最主要的是来自社会运动与教育自身需求。与任何教育活动一样,表现标准的提出与社会背景息息相关。在 20 世纪 80 年代,随着国际竞争的激化,许多国家都开始把目光转向基础教育,以求通过教育质量的提升来提高国家竞争力。

以美国为例,随着国际地位的不断下降,美国国民对经济是否能够持续健康发展表示出普遍的关切与担忧。因为当时已有或明或暗的证据表明,美国自第二次世界大战结束后所建立起来的国际经济霸主地位正受到挑战,而这种危机或潜在危机的出现,则可直接从糟糕的学校教育质量中找到原因。[②] 于是,一场追求卓越的教育改革被提上议程。80 年代的教育改革虽然使得美国的教育质量有所回升,但是随着 20 世纪 90 年代全球化经济趋势显露端倪,美国朝野

---

① 卢雪梅. 学校课程评鉴的学生学业成就评估——以表现标准报告学生学习成就:以阅读为例[J]. 国教新知,2005(2):54—60.

② 冯大鸣. 美、英、澳教育管理前沿图景[M]. 北京:教育科学出版社,2004:111.

感到了新的忧虑：学校效能的缓慢改进实在不足以应对快速变化的经济发展要求。

就教育自身而言，随着教育管理开始由输入模式走向输出模式，管理、监控和问责各级学校需要国家制订相关教育标准。事实上，地方分权教育制度的国家更是深切地体认到极有必要设置国家统一的教育标准。这种统一的教育标准被认为是一种学力要求的标志，是保障国家基本教育质量的必要基础。随着对教育认识的加深，通过教育标准来建设一致性的教育体系已被认为是提高教育质量的重中之重。美国国家研究中心（National Research Council, NRC）[1]和韩思哲（L. N. Hansche）[2]都指出内容标准与表现标准在教育行动理论中的作用，以及在一致性教育体系中的价值。以教学、评价、教师专业发展为例，表现标准与它们关系密切。赛德勒（D. R. Sadler）[3]、费特曼（D. M. Fetterman）[4]、马扎诺和肯德尔（R. J. Marzano & J. S. Kendall）[5]都指出表现标准对教师专业发展的作用，认为表现标准使得教师更好地开展教学与评价，使得课堂评价中一些隐性知识显性化，从而达到赋权增能的效果。这恰恰体现了基于标准评价的最基本定位：依据内容标准与表现标准开展评价，通过课堂评价发展教师专业知能。

2. 关于表现标准的基本内涵

那么，表现标准到底是什么？里奇（J. M. Rich）认为，标准本身包含规范与测量尺度的内在含义，它自身并没有什么目的，而是体现社会共识的外在要求。[6] 赛德勒则探讨了 criterion 的起源及它与 standard 的关系，认为前者往往是一种评价

---

① Elmore, R. F. E. & Rothman, R. E. Testing, teaching, and learning: A guide for states and schod districts [M]. Washington, D. C. : National Academics Press, 1999: 16.

② Hansche, L. N. . Handbook for the development of performance standards: Meeting the requirement of Title I [R]. Washington, D. C. : Council of Chief State School Officers, 1998: 12 - 15.

③ Sadler, D. R. . Specifying and promulgating achievement standards [J]. Oxford Review of Education, 1987, 13(2), 191 - 209.

④ Fetterman, D. M. . Steps of empowerment evaluation: From California to Capetown [J]. Evaluation and Programming Planning, 1994, 17(3), 305 - 313.

⑤ Marzano, R. J. & Kendall, J. S. . A comprehensive guide to designing standards-based districts, schools, and classroom [M]. Virginia: Association for Supervision and Curriculum Development, 1996: 3.

⑥ Rich, J. M. . A philosophical analysis of educational standards [J]. Educational Theory, 1967, 17 (2), 160 - 166.

事物的维度,而后者往往是用来描述该维度的性质。① 这些观点更多地是从哲学视角来探讨表现标准。至于表现标准本身究竟是什么,目前在术语、定义方面极不统一。

在术语上,美国、英国、澳大利亚、加拿大等国家采用了不同的名称来表示表现标准。如在英国,国家课程成就目标在每个学习关键期(key stages)设置了8个成就等级和成就描述,可认为成就等级和成就描述共同构成了表现标准。② 澳大利亚(2008)则主要用成就标准(achievement standards)来代表表现标准。③

除了术语不同,各个国家或地区目前关于表现标准的界定也各异。在表现标准发展早期,按照格拉泽(R. Glaser)的原意,表现标准表示为确定学生学习现状而设置的连续发展量表,马杰(R. F. Mager)则把它发展成为确定学生可接受的学习水平而设置,而波帕姆(W. J. Popham)在两人研究基础上提出更具测量学色彩的分界分数(cut-scores)。④ 塔克(M. Tucker)甚至把表现性任务当作表现标准,在他看来,如果没有给予学生任务,就不能评价学生表现,也不能评价学生所达到的成就水平。⑤ 在表现标准发展后期,表现标准的界定仍存有争议。希泽克(G. J. Cizek)认为表现标准是用来表示测验后学生达到的水平,这种水平用分界分数来切割,例如用60分来代表合格水平。⑥ 针对这种分界分数论,相关权威机构认为,表现标准内在含义被污染了,它应该是一种表明学生掌握内容标准的证据和程度之规范,而分界分数只是为决策提供的量化数据。⑦ 也有学者认为,表现标准其实

① Sadler, D. R.. The origins and functions of evaluative criteria [J]. Educational Theory, 1985, 35(3), 285 - 297.

② Qualifications and Curriculum Authority. National curriculum assessment regulatory framework: Key stages 1 - 3 [EB/OL]. (2012 - 06 - 08). http://orderline. education. gov. uk/gempdf/1847210856. pdf.

③ ACARA. Australian Curriculum [EB/OL]. (2012 - 05 - 11). http://www. acara. edu. au/home_page. html.

④ Glass, G. V.. Standards and Criteria [J]. Journal of Education Measurement, 1978, 15(4), 237 - 261.

⑤ Marzano, R. J. & Kendall, J. S.. A comprehensive guide to designing standards-based districts, schools, and classroom [M]. Virginia: Association for Supervision and Curriculum Development, 1996: 3.

⑥ Cizek, G. J.. Setting performance standards: Concepts, methods, and perspectives [M]. Mahwah, NJ: Lawrence Erlbaum Associates, 2001: 7 - 8.

⑦ Education Policy White Papers Project Steering Committee. Standards, assessments, and accountability: Education Policy White Paper [EB/OL]. (2012 - 03 - 12). http://www. naeducation. org.

就是一种学生学业成就标准(academic achievement standards)。[1] 这种成就标准就是拉薇奇(D. Ravitch)教育标准三分法中的表现标准,在她看来,教育标准可分为内容标准、表现标准和学习机会标准,其中表现标准描述出学生必须达到的学习水平。[2] 平心而论,韩思哲的观点受到多数人的认同。他认为,表现标准是个体系,该体系包括三个要素:表现水平——表现等级及其名称、描述各表现水平的描述语;表现样例——说明各个表现水平的评价任务与学生作品;分界分数——区分各级表现水平的分数。[3] 不同观点实质上反映出表现标准的定位还没有达成共识,还需要做进一步界定。

3. 关于表现标准与为考而教

这一类文献主要研究表现标准被考试窄化的现象。在问责制下,尤其是在中央集权教育体系下,为避免问责伤害、保护自身利益,学校和教师通常围绕考试展开教学,导致学习肤浅化,表现标准被严重窄化。这种情况在英国的评价体系中体现得淋漓尽致。在 20 世纪 90 年代,英国国家课程评价推行的是以外部考试为主来预测或决定学生达到表现标准哪个水平,而不是以评价结果为基础开展教学讨论与协商,这严重破坏了教育评价的精髓。[4]

4. 关于如何研制表现标准

在方法论上,研制表现标准存在六大要点。

(1) 关于表现标准的研制取向。

据托马斯(R. M. Thomas)的总结,表现标准研制共有九种取向,不同取向导致不同结果[5]:

理想教育者取向:从受过教育的学习者应具备什么样的学习水平的角度来思

① Bourque, M. L.. Setting student performance standards: The role of achievement level descriptions in the standard setting[R]. New Orleans, LA, 2000.

② Ravitch, D.. National standards in American education: A citizen's guide [M]. Wachington, D. C. : Brookings Institution Press, 1995: 8.

③ Hansche, L. N.. Handbook for the development of performance standards: Meeting the requirement of Title I [R]. Washington, D. C. : Council of Chief State School Officers, 1998: 12 - 15.

④ Tirrabcem, H.. Assessment, accountability, and standards: Using assessment to control the reform of schooling[C]. In A. H. Halesy (Ed.), Educational culture, economy, society [M]. London: Oxford University Press, 1997: 50 - 70.

⑤ Thomas, R. M.. Approaches to setting and selecting achievement standards[C]. In J. P. Keeves, A. Tuijnman, & T. Postlethwaite (Eds.), Monitoring the standards of education: Papers in honor of John P. Keeves [M]. London: Pergamon Press, 1994: 101 - 114.

考,它往往无视实际情况,制订的标准极有可能大大超出实际要求。

工作需求取向:从社会职场需要的角度出发来制订学习要求,它往往没有从普通教育来思考需要培养什么样的人,人的价值往往被局限于劳动者身份。

有效录入取向:学习者想升入的某个机构为了选拔录用者而设置标准。被录取者往往在考试中表现优异,但考试优异并不意味他们在将来的工作中也表现优异。

常模分布取向:认为学习者的素养是呈正态分布的,可以利用这种分布特征来设置标准以筛选学习者。但常模分布特征的形成有赖于试题的难度,而且样本的大小也影响其特征。

补偿性配额取向:认为个人与社会背景的差异导致不同个体的教育机会差异,为了让学习处于不利的个体获得同样的证书与资格,必须提供要求相对较低的标准。但以较低标准通过的个体未必能胜任将来工作。

可达成水平取向:设置所有学生或绝大部分学生可以达成的表现标准。只是这样的标准往往要求很低,那些学习优秀的学生不能得到更好发展。

个体进步取向:根据学生个体情况,为学生设置特定时间内的表现标准。表面上,这种取向能帮助一些学生完成他们能完成的学习要求,但其后果往往是这些学生将因此产生挫折感,家长与雇主也不能获悉他们的孩子与同龄人学习水平对比的结果。

理性合并取向:理性地吸取不同社会代表意见并结合多种研制取向来设置表现标准,其思考源于表现标准代表着不同人群的利益。但由于代表类型众多,这种取向往往很难达成共识,这意味着接受与实施表现标准需要长时间的谈判与妥协。

非精确直觉取向:研制表现标准时,有关学习要求有时需要靠直觉判断。这种取向排除了理性讨论与合理交流。

正如托马斯所承认的那样,具体在研制标准时往往需要综合考虑,选择多种取向。就目前实际来看,典型做法是,通过多方民主化审议,面向所有学生,以素养为导向,结合经验数据的支持来研制规范性标准。[①]

(2) 关于表现标准研制需要经验数据支持。

表现标准的研制不是凭纯粹思辨就能完成的,它还需要来自经验数据的支持。

---

① ACARA. Australian Curriculum [EB/OL]. (2012 - 05 - 11). http://www. acara. edu. au/home_ page. html.

这些经验数据包括表现标准草案制订前夕的大规模测试所获得的学生成就数据，以及在表现标准草案进入实验学校现场所获得的数据。① 多种数据的收集需要运用量化与质化方法，这也同时反映了研制表现标准离不开人的意念，是集思广益、相互合作的过程。

(3) 关于表现标准的评价标准。

什么样的表现标准才是好的？这是表现标准研制者事先必须考虑的问题。韩思哲为表现标准罗列了五条要求：表现标准能被所有的学生学业成就利益相关者理解；表现标准应能区分不同的表现水平；表现标准是对学生作品的反映，但不能局限于特定学生作品；开发表现标准是个共识过程；表现标准应聚焦于学习。② 德国教育标准开发团队则认为好的标准应满足体现学科特征、聚焦学科核心领域、强调素养的累积性、面向全体学生、区分不同学校教学水平、可理解、经过努力能够达到等七条要求。③

笔者认为，将来我国研制表现标准，完全可以借鉴相关研究，并依据自身需求制订出相应评价标准。

(4) 关于表现标准与学科素养模型的关系。

这方面文献有 2007 年在德国基尔召开的全球中小学物理教育标准大会的论文集，其中论述了各种学科素养模型与教育标准的关系。④ 类似的权威文献还包括德国教育部研制国家教育标准的前期报告⑤。综观这些学科素养模型，可以发现它们并无统一的架构，也没有解释学科素养转化为表现标准的过程。因此，极有必要确定学科素养模型的分析框架。

(5) 关于表现标准的研制程序。

① Eckhard, K. , Hermann, A. , Werner, B. , et al.. The development of national educational standards: An expertise [R]. Bonn: Federal Minister of Education and Research (BMBF), 2004: 73 - 88.

② Hansche, L. N.. Handbook for the development of performance standards: Meeting the requirement of Title I [R]. Washington, D. C. : Council of Chief State School Officers, 1998: 16.

③ Eckhard, K. , Hermann, A. , Werner, B. , et al.. The development of national educational standards: An expertise [R]. Bonn: Federal Minister of Education and Research (BMBF), 2004: 20.

④ Waddington, D. J. , Nentwig, P. , & Schanze, S. (Eds.). Making it comparable: Standards in science education[M]. New York, NY: Waxmann, 2007.

⑤ Oelkers, J. & Reusser, K.. Developing quality-Safeguarding standards-Handling differentiation [R]. Bonn: Ministry of Education and Research (BMBF), 2008: 272 - 280.

早期表现标准研制主要有两种路径。一是先验路径(priori approach),即从课程角度出发描述出学习结果。该路径基本过程是组织者召集一帮人,责其依照课程内容撰写各种学习结果的表现描述。二是后验路径(posteriori approach),即从心理测量学角度出发归纳出学习结果,其本质是评价驱动的模式。除此之外,目前还有其他什么典型经验,它们能为我们提供什么启示?

在研制流程方面,相关内容散见于各国研制表现标准实践。就文献搜索结果看,目前相关研究极少。那么,大多数国家或地区表现标准研制流程有哪些经验,能否对它们加以归纳借鉴?

(6)关于表现标准的编制技术。

编制表现标准需要明确学科素养转化为表现标准的方式、选择表现标准呈现方式、拟定表现水平、确定表现样例四项技术。关于这些技术的权威文献有《国家课程中的表现水平描述语:是种什么类型的标准参照?》[1]、《理解和开发表现水平描述语的指南》[2]、《给州公共教育厅的提案》[3]、《研制国家教育标准:专长》[4]。但总的说来,这些文献并没有深入地探讨并提供具体操作技术。例如这些文献极少论述转化学科素养为表现标准的方式,而对拟定表现水平技术中的表现水平描述语的研究更是少之又少,以至于韩思哲认为描述语相关研究数量太少,令人痛苦[5]。

(三)有待解决的问题

从研究内容看,目前表现标准的研究集中在表现标准的概念界定,各门学科表现标准的研制,以及表现标准在教育体系中的地位,但还存在以下有待解决的问题:

1. 表现标准的概念有待明确

虽然学生学习应达到的学习程度已成为学界对表现标准内涵的基本共识,但

---

① Sainsbury, M. & Sizmur, S.. Level descriptions in the National Curriculum: What kind of criterion referencing is this? [J]. Oxford Review of Education, 1998, 24(2), 181 - 193.

② Perie, M.. A guide to understanding and developing performance level descriptors [J]. Educational Measurement: Issues and Practice, 2008, 27(4), 15 - 29.

③ CTB/McGraw-Hill LLC.. Proposal - Office of Superintendent of Public Instruction [EB/OL]. (2012 -12 -19). http://www.k12.wa.us/SMARTER/pubdocs/CTB - SBAC - 12Proposal.pdf.

④ Eckhard, K., Hermann, A., Werner, B. et al.. The development of national educational standards: An expertise [R]. Bonn: Federal Minister of Education and Research (BMBF), 2004.

⑤ Hansche, L. N.. Handbook for the development of performance standards: Meeting the requirement of Title I [R]. Washington, D.C.: Council of Chief State School Officers, 1998: 42.

对表现标准的理解多种多样。这集中体现于：表现标准是个体系，还是某个特定的要素(如表现性任务)？是心理测量取向(如设置分界分数)还是课程与教学取向(如确定学科年级或年段学习结果)？

2. 表现标准的知识基础非常薄弱

在学科视野下，学科素养是研制表现标准的最直接依据，但在教育领域何谓素养？学科素养到底有怎样的内涵？学科素养与表现标准如何联结？在这当中学科素养模型充当什么样的角色？具体研制表现标准时，有关素养、学科素养、学科素养模型三者的关系，以及表现标准自身的演进历程及界定，都需要进一步明晰和提炼。

3. 表现标准的研制程序、编制技术亟待深入探讨

上文表明，在方法论层面，虽然在表现标准的研制取向、质量验证要求、评价标准方面已有非常好的研究基础，但表现标准研制程序方面的知识与经验亟待梳理。在表现标准编制技术方面，其关键在于：如何明确学科素养到表现标准的转化方式、如何选择表现标准的呈现方式、如何拟定表现水平、如何确定表现样例。当前对于它们的研究很少，这是我国将来研制表现标准时必须直面的现实课题。

4. 表现标准研制如何本土化

毫无疑问，研制表现标准需要借鉴先进经验，但同样需要立足于本土。如何借鉴域外经验，特别是相关技术操作经验，并加以本土化，实乃研制我国表现标准的关键所在。从目前情况来看，我国在这方面研究基础几乎为零。因此，我们必须基于我国实际思考表现标准的研制并探讨其基本诉求，同时需要开发相关技术并进入现场开展相关探索性研究，以便为后续研究者提供相关宝贵经验与借鉴。

三、研究设计

(一) 研究目的与意义

鉴于我国表现标准研究相当薄弱的现实情况，本研究尝试在以下四个方面作出努力与贡献。

第一，归纳、剖析国际教育改革的趋势，明晰表现标准的基本作用与本土相关现实，从而为研制表现标准提供决策参考。在全球化背景下，借鉴域外教育经验是与国际教育接轨、完善本土教育实践必不可少的策略。因此，考察当今国际教育动态、剖析其背后思想,明晰表现标准在当今世界各国或地区基于标准教育改革中的基本作用与功能,有助于更好顺应世界教育改革发展趋势的需求。与此同时,发展教育同样需要立足于本土。由此考察我国表现标准缺失导致的问题,有助于充分把握国情,进而为开发我国表现标准提供科学依据。

第二,梳理、丰富表现标准的知识基础,厘清表现标准的基本内涵,从而为研制表现标准提供知识基础。"告诉我教/考什么,还要告诉我教/考到什么程度",这是许多来自一线教师和评价领域专家的共同心声。随着课程改革的深入,人们越来越意识到需要表现标准,但表现标准到底有什么内涵?它与学科素养有何关系?学科素养有什么含义?学科素养又如何转化为表现标准?这些问题到目前为止,仍然有待明确。因此,只有进一步明晰表现标准的基本内涵,回答它本身是什么,才能走出其概念外延产生的重重迷雾。为此,需要系统梳理表现标准的历史源流,探讨学科素养的基本要义,清晰表现标准内涵,进而为研制表现标准提供知识基础。

第三,分析、借鉴研制表现标准的国际运作经验与编制技术,并结合我国实际加以本土化,从而为研制表现标准提供实务支持。表现标准研制是项系统工程,涉及方方面面。在实务运作层面,表现标准研制程序、表现标准编制技术是研制表现标准的重中之重。对于我国而言,这方面的研究非常薄弱,相关研究成果极其罕见。本研究拟重点考察世界各国与地区表现标准的研制程序与编制技术,在对它们进行全面分析的基础上,提炼并参考相关研制程序经验,借鉴并本土化。这些研究成果将极大丰富人们对它们的认识,为我国将来研制表现标准的实务运作提供技术范例。

第四,探讨、开展本土表现标准研制行动,获取表现标准研制经验,从而为我国研制表现标准提供参考建议。研制表现标准是项操作性极强的实践活动,需要经验积累与借鉴。显然,我国在这方面的经验几乎为零。鉴于此,本研究将选择我国课程内容标准中的一个具体案例,探索其表现标准研制过程。尽管这只是一个个案,但从中我们也能获取相关研制经验,特别是其中可能遇到的问题与困境都是一笔宝贵经验,能为我国将来研制表现标准提供直接参考。

(二) 研究问题

本研究始于这样的基本假设:学生核心素养或国家教育质量在很大程度上是由各学科素养组成的,学科素养本身是学科教育的结果,作为学科素养的教育结果在很大程度上是可表现的,否则教育质量无从认识、监测与比较。基于这样的假设,笔者将关注点集中在"表现标准"这一主题上,主要从为什么、是什么、怎么做三大方面展开研究。

问题一,我国为何亟需表现标准。这个问题涉及本研究的现实必要性,将从国际教育发展趋势和我国现实两个角度加以论证。要完成这样的论证,至少需要回答:教育标准在素养导向的教育改革中扮演着什么样的角色;对我国而言,表现标准缺失导致哪些实践问题。

问题二,基于学科素养的表现标准是什么。为回答这个问题,需要考察表现标准的历史演变以明晰何谓表现标准,进而还需要探讨作为表现标准的知识基础——学科素养的基本内涵。

问题三,如何研制基于学科素养的表现标准。这个问题涉及基于学科素养表现标准的实践操作,它是本研究的重点之一。这包括三个方面的研究,分别是如何借鉴表现标准研制程序经验、如何开发表现标准编制技术、如何在本土背景下实践这些技术。具体说来,对于研制程序,需要在组织架构、研制路径、研制流程三个方面梳理当今国际上有哪些典型经验,并获得有益借鉴;对于编制技术,着重从四个方面展开研究,即学科素养转化为表现标准有哪些基本方式、如何选择表现标准的呈现方式、如何拟定表现水平、如何确定表现样例;对于编制技术的应用,主要通过案例研究探索在本土背景下可以吸取哪些宝贵经验。

(三) 研究思路与方法

1. 研究思路

针对上述三大研究问题,本研究首先考察当前国际课程改革趋势,尤其是表现标准在其中所起的作用与产生的价值。随后考察我国表现标准缺失导致的诸多实践问题并基于国内外的考察结果,论证我国研制表现标准之必要性。接着从历史视角明晰表现标准的基本要义,进而考察学科素养的基本内涵及其在表现标准研制中的作用,以及对学科素养模型进行验证。

基于上述知识基础,本研究最后从三个方面探讨了如何研制表现标准。一是梳理、借鉴当今世界各国表现标准研制程序。二是从四项关键技术来探讨表现标准的编制,并对这些技术分别加以借鉴、开发、本土化。三是基于上述程序与技术在区域层面尝试研制一个表现标准案例。

上述研究思路及各个研究内容之间的关系可用下图做更形象说明。为便于呈

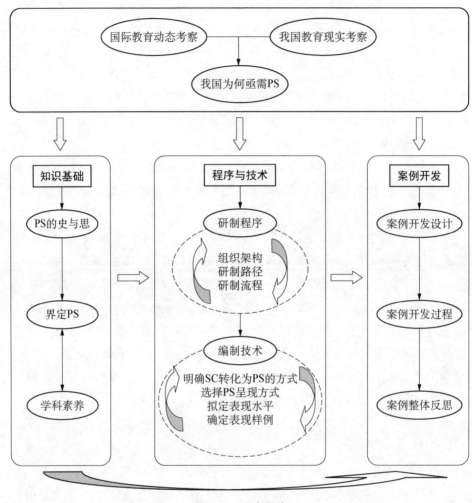

图 0-1　研究思路

现,其中 PS 与 SC 分别代表表现标准与学科素养,即 Performance Standards 与 Subject Competencies 的英文缩写。

2. 研究方法

针对上述三个问题,本研究采用了历史研究法、问卷调查法、案例研究法。

(1) 历史研究法。历史研究法是社会科学研究最常见的方法之一,主要是针对过去的问题、现象或运动展开研究,获得的信息都是通过解释过去的文献产生的。由于研究者不能重新生活在过去历史中,所以对于一些研究问题,利用文献来认识过去,是一种基本方法。本研究的三个问题都需要以历史文献为基础,因此在某种程度上主要采用了历史研究法。

采用历史研究法的目的在于获取历史演变的因果与辩证,并非重于历史的陈述与报道。为更好获取历史演变的因果与辨证,本研究尤其重视如下三个方面:

一是文献的收集。本研究主要试图做好两方面事项。首先,尽可能全面地收集不同形式的文献。这些文献包括初级文献和次级文献,收集的渠道包括网络、数据库等。总的说来,所收集的文献主要来自各国或地区的国家教育网站和专业期刊,多数文献乃权威研究成果。为了更全面地收集到原始文献,主要借助各高校图书馆、网站检索,以及委托国外友人收集文献等方式进行。其次,采取各种收集文献的策略与方式,遵循从宽到窄、从近到远、从易到难的路线。如在研究早期,采取"滚雪球"的方式,先查阅几篇与研究主题相关的主要文献,通过阅读消化,了解研究主题有关范围并从文章的参考文献中发现新线索,再扩大查找对象。而随着研究的进展,在后期缩小文献检索范围,把注意力集中到主要核心文献上。

二是文献的鉴别。收集文献任务基本完成后,需对文献进行鉴别,包括鉴别真假与质量高低。鉴别方式包括外审法与内审法,前者主要是对文献本身真伪的鉴别,后者主要是对文献所载内容是否属实的鉴别。无论外审法与内审法,都是通过比较来实现鉴别以提高收集到文献的质量。[①] 本研究同时采用外审法与内审法。外审法主要针对版本真伪与作者真伪展开鉴别。对于版本真伪鉴别,主要考察该书的编排体例与同时代的同类出版物的编排体例是否相似,或者查询书中内容是否有反映成书年代以后的事实。对于作者真伪鉴别,主要分析作者语言风格是否具有稳定性、文献的体例是否一贯,或者分析文献的思想观点与逻辑是否前后一致。至于内审法,主要采取的方法有:文献互证,即若不同文献记载的同一事件不一致,则进一步加以核实;历史背景对照,即考核文献内容与当时政治、文化背景等是否相悖;考察作者生平、立场、基本思想和文献形成时的具体环境,以判断作者记述的客观性和倾向性。

三是文献的整理。历史研究法是一种流动的质性研究方法,在整理研究过程中随时解释、分析和综合历史文献。我们很难罗列分析历史文献的各个步骤,但这并不是说历史文献分析就毫无章法。一般说来,文献的整理需要研究者对已经掌握的、鉴别的文献进行创造性的分析、综合、比较、概括。具体的整理方式包括逻辑地分析、判断、推理、综合等,以便从文献中做出一些事实判断,或归纳、概括出某些

---

① 杨小微. 教育研究的原理与方法[M]. 上海: 华东师范大学出版社,2002: 220.

原理或原则,尤其是研制者必须要在研究主题的许多细枝末节之间寻求出共性。这通常需要借鉴爱因斯坦(A. Einstein)所提出的"理论性架构"(theoretic structure),或韦伯(M. Weber)所谓的"理想型"(ideal types)。①

(2) 问卷调查法。为了求证本研究的必要性,除了考察国际教育改革动态外,还需要考察本土情况,尤其是来自中小学一线教师对表现标准的需求。如果教师没有这方面的需求,而且他们能很好地把握教学目标,那么在一定程度上,研制表现标准就失去必要性,因此有必要开展相关调查研究。在调查研究中,问卷调查与访谈调查是最基本的两种方法。相比访谈调查,问卷调查在快速了解较大群体相关信息上具有明显优势,这非常吻合本研究的实际需要,因此本研究主要采用了问卷调查法。

(3) 案例研究法。案例研究法是指对具有代表性的单个研究对象展开仔细考察。严格说来,它是一种人种学研究的手段。依殷(R. K. Yin)之意,案例研究可分为探索性(exploratory)、解释性(explanatory)和描述性(descriptive)三类。解释性案例研究的主要目的是解释社会现象,也就是了解如何(how)、为什么(why)形式的问题。描述性案例研究的主要目的是描述社会现象,处理的问题是有关谁(who)、何处(where)等问题。探索性案例研究主要目的是探索一个主题,也就是去了解发生什么事(what),以便提供对该主题的初步认识。虽然殷并不推崇探索性案例研究,认为它缺乏严格的研究框架和明确的研究问题,从而使所有案例研究变得臭名昭著,但殷也承认,如果一项研究有明确的研究主题和研究计划,在研究基础不成熟或前人没有相关研究的情况下,采用探索性案例研究是种现实选择。②

本研究的一项任务是如何研制本土表现标准,在总结、建构出相关研制理论与技术之余,需要进入现场尝试或试验。这种试验性探究本身就是理解的深入,因此开发案例是本研究的必然选择。另一方面,希望通过案例探讨本土研制表现标准时可能遇到的问题,以期为将来的开发者提供经验与借鉴,故也需选用探索性案例研究法。

(四) 本书架构

具体写作时将按三大部分内容展开,它们与其所构成的篇章存在如下逻辑

---

① Babbie, E. R.. The practice of social research [M]. Belmont, CA: Wadsworth/Thomson Learning, 2004: 337.

② Yin, K. R.. Applications of case study research [M]. London, Sage: 2003: 6-27.

关系:

第一部分:表现标准的意义,回答我国为何亟需表现标准。

第二部分:表现标准研制的知识基础,回答基于学科素养的表现标准是什么。

第三部分:表现标准的开发,回答如何研制基于学科素养的表现标准。

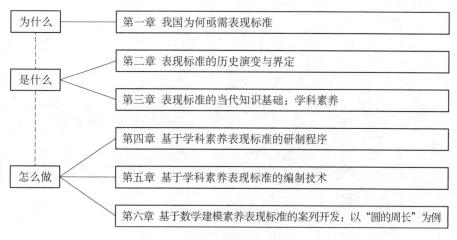

图0-2 本书架构

第一章　我国为何亟需表现标准

　　表现标准与内容标准是教育标准不可或缺的要件，它们是教育实践的基石。那么，我国表现标准的缺失会导致哪些问题？国际教育改革有何动态？表现标准在基于标准的教育改革中又发挥着什么样的作用？本章将从基于标准的国际教育改革趋势、我国表现标准缺失导致的现实问题两个角度，阐述我国为何需要表现标准。

第一节　基于标准的国际教育改革趋势

　　课程集中体现教育思想和教育观念，是实施培养目标的施工蓝图，是组织教育教学活动的最主要依据。综观中外教育改革，无不把课程改革放在最突出的位置，把课程目标作为改革的重心，而教育标准恰恰是课程目标最重要的体现。基于标准的教育改革已成为当今世界教育改革的主流，在实践层面虽然各国基于标准的教育改革的做法各有不同，但也呈现出一些共性。

一、回应社会挑战的改革共识：素养导向

　　人类文明发展至今，也许再没有哪个社会比当今社会更复杂多变，知识经济、国家竞争、全球化、信息化、多元文化、以人为本等等观念纷至沓来。这些观念体现着社会的发展结果与迫切期待，而作为社会公共事务，教育自然深受上述观念的挑战。

　　面对种种挑战，教育被看作是走向人类和平、自由和社会正义的一张必不可少的王牌。教育并不是能打开实现所有理想之门的万能钥匙，也不是"芝麻开门"之类的通关密码，但它的确是一种促进更和谐、更可靠的人类发展的重要手段。

经过多年教育实践和理论探讨,世界各国普遍体认到,以往过多地注重知识与技能的做法已不能满足当今社会经济环境的快速变化,以及全球化竞争市场的需要;它同样无法满足终身学习、社会参与、公民责任等广泛范畴的需要。在此背景下,强调问题解决或做事表现的素养已成为教育领域的关键词。

在基础教育阶段,素养导向已成为课程设计的趋势,目前很多国家都以素养为中心进行教育改革。早在英国1988年实施的国家课程中,素养的概念就已逐渐跳出知识和技能取向。这个转变在澳大利亚1992年实施的课程中表现得更为明显,其列出的七种就业所需的关键素养皆无法直接使用,而是必须运用现有资源作为中介。加拿大魁北克2001年的中小学课程和比利时法语区2000年的中小学课程,都同时以资源管理观点的素养概念作为课程建构的中心理念。台湾地区在1998年公布的中小学九年一贯课程纲要中,同样标榜以素养取向取代先前的知识取向。①

近年来,素养导向的基础教育课程改革更是翻起一股新浪潮,其影响波及更多国家与地区。如德国(2003)、瑞士(2007)、芬兰(2001)不甘落后,纷纷采取素养导向的课程改革。以德国为例,2001年国际学生评价项目(Program for International Student Assessment, PISA)公布了德国学生2000年学业成就状况——相比其他31个国家,德国学生的成就水平在阅读、数学、科学三个领域都低于平均水平;与领先的日本、芬兰相比更是相差一个标准差,用教学时间来折算的话,相当于相差足足一个学年有余。同样,在德国国内各州之间学生学业水平的差距也是巨大。面对这种情况,一些学者纷纷提出课程改革。科学是较早进行改革尝试的学科,改革的一个特征是基于问题或任务的学习,使学生更好地理解科学本质。② 2003年出版的研究报告《研制国家教育标准:专长》指出,研制教育标准要以素养为导向,把素养作为面向不确定未来、解决多元文化冲突等问题的基本策略。③

当然,我们不能不提基于标准的教育改革的鼻祖——美国。1983年,美国国家教育委员会(National Commission on Education)发表了教育报告《国家在危机之

---

① 许彩禅. 能力概念分析与建构及对台湾中小学教育的启示[J]. 国民教育研究学报,2009(22):159—180.

② Schecker, H. & Parchmann, I.. Standards and competence models: The German situation [C]. In D. J. Waddington, P. Nentwig, & S. Schanze (Eds.), Make it comparable: Standards in science education. New York, NY: Waxmman, 2007: 147 – 164.

③ Eckhard, K., Hermann, A., Werner, B., et al. The development of national educational standards: An expertise [R]. Bonn: Federal Minister of Education and Research (BMBF), 2004.

中》,指出美国公立教育的质量问题和学生成就水平普遍下降的事实。当时已有或明或暗的证据表明,美国自第二次世界大战结束以后所建立起来的国际经济霸主地位正受到挑战,这种危机或潜在危机直接可从糟糕的学校教育质量中找到原因。[①] 为提高国家竞争力,提高学业质量,特别是提升学生的素养成为必然选择。1989 年,布什总统(G. H. W. Bush)在第一次美国教育高峰会议上提出,必须设置具有挑战性的全国性成就目标,呼吁开展学生表现测量(performance measures)。[②]至今,美国基于标准的教育改革已持续 20 多年,改革重心和策略虽然有所改变,但一直保持着素养取向的格调。以第一次教育高峰会议提出的目标三为例,它反映出强烈的素养取向色彩:至 2000 年,美国 4、8、12 年级学生要在英语、数学、科学、历史、地理等挑战性学科中展示出充分的素养,而且每一所学校要确保每个学生应学会如何良好地运用思维,以便在现代经济社会中成为负责任的公民和富有胜任力的未来雇员。[③]

二、规定高要求的教育输出:教育标准

标准是基于标准教育改革的关键,标准的提出反映了一种教育管理思想方式的改变。长期以来,增大教育资金投入、提高教师质量等教育输入,一直被认为是提高教育质量、体现教育公平的关键。但人们逐渐认识到,教育输入并没有描述出国家、社会所要的教育目标,教育输入政策模式受到强烈挑战。科尔曼(J. S. Colman)的报告表明,学校设备、课程、教师等变量对学习成就的独立影响甚微。就此,科尔曼着重指出,教育公平不能再被定义为学生获得学业成就的那些途径,而应被理解为可测量的学生学业成就,应为不同学校提供同样学习结果的平等机会,评价学校的对象不再是教学时间、教学方式、教学资源等,而是教育的结果。[④]

① 冯大鸣. 美、英、澳教育管理前沿图景[M]. 北京:教育科学出版社,2004:110-111.

② Vinovskis, M. A.. Overseeing the Nation's Report Card: The creation and evolution of the National Assessment Governing Board (NAGB) [EB/OL]. (1998-11-19). html http:// www. Nagb. org/ Pubs/pubs. html.

③ Marzano, R. J. & Kendall, J. S.. A comprehensive guide to designing standards-based districts, schools, and classroom [M]. Virginia: Association for Supervision and Curriculum Development, 1996:2.

④ Colman, J. S.. Equality of educational opportunity [R]. Washington, D. C.: Officer of Education, U. S. Department of Health, Education, and Welfare, 1966.

　　因此,为从终点来把握教育的最终结果,极有必要设置关于学生学业成就的要求。这种教育输出不仅关乎教育公平,也是提高国民整体素质的内在要求。随着教育标准内涵的扩大与丰富,人们认识到,学生掌握内容标准需要证据,而且个体对标准的掌握程度是不同的。提高教育输出,还需在内容标准基础上进一步规定学生对其掌握程度的要求。同样,了解全国教育情况、比较各地区教育质量、监测学生学业成就的变化以评估教育政策的成效,或配合政策要求为教育问题提供资讯,都需要一种教育质量标准。实际上,不少国家或地区都设置了教育质量标准,例如美国目前各个州的教育标准都包含内容标准与表现标准;英国则在每个学习关键期设置由 8 个成就等级和成就描述构成的成就目标,并责成资格与课程局(Qualifications and Curriculum Authority, QCA)对 7、11、14、16 岁儿童进行学业成就调查;①澳大利亚 2008 年开始开发的教育标准中的成就标准也是一种对学习结果程度的规定。②

　　上述强调教育输出的思想可用下图做一简要说明。如果把教育输入、教育过程、教育输出作为教育管理的三根支柱,那么以往大多关注输入,以为有了输入管理,再加上过程管理,自然可以得到良好的教育结果。

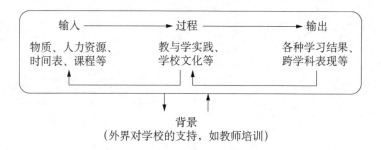

图 1-1　教育管理运行的基本过程

　　教育输入确实对教育过程与教育输出产生一定影响,但实践表明这种影响非常有限,因为没有明确目标,很难奢望学校和教师能尽最大努力去追求高质量的教育。客观上,教育输出能为学校教学带来明确目标,若再辅之以教育评价与问责,其将对教育过程产生影响。例如要达到某种学习结果,就需要考虑教师如何开展

---

① 崔允漷,王少非,夏雪梅. 基于标准的学生学业成就评价[M]. 上海:华东师范大学出版社,2008:66—70.

② 此处的教育标准原文为 National Curriculum,本质是由内容标准与表现标准构成,本书统称教育标准。

教学实践。另一方面,教育过程又反作用于教育输入,例如有效的教师教学实践势必考虑教师需要具备哪些最基本的专业素养。如此一来,教育输入—教育过程—教育输出形成一个循环整体,并与外界形成互动关系。

三、建立一致性的教育体系:基于标准

所谓一致性(Alignment)主要是指,系统各部分相互作用,形成协作关系,以使得系统良好运转。要达成教育目标,教育系统内各要素需要形成匹配关系。这种一致性可以是两个要素之间的匹配,也可以是三个及以上要素之间的匹配。

原则上,基于标准的教育改革强调改革的系统性、整体性,即以教育标准为基础,使教育系统的各个环节都与教育标准相一致,而且这些环节之间也能彼此一致,没有冲突。这是一种理想模式,是各国教育改革努力追求的目标。[①] 从目前基于标准的教育改革发展水平来看,各国或地区都致力于建立一致性的标准—评价—问责体系,而且一些国家或地区已建立起相对成熟的体系。

以澳大利亚新南威尔士州为例,在内容标准与表现标准基础上,它建立了一个下图所示的全州性评价、问责系统。[②]

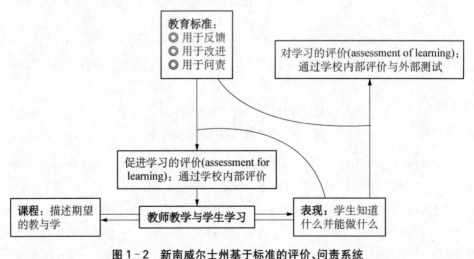

图1-2 新南威尔士州基于标准的评价、问责系统

---

① 陈霞.基于课程标准的教育改革——美国的行动与启示[D].上海:华东师范大学博士论文,2004:14.

② Hafner, R. . Standards in science education in Australia [C]. In D. J. Waddington, P. Nentwig, & S. Schanze (Eds.), Make it comparable: Standards in science education. New York, NY: Waxmman, 2007:39.

要使系统良好运转,不同学科均需开发相应的表现标准。下表节选了科学学科第五阶段表现标准[1],针对的内容包括知识与理解、规划与开展调查、问题解决、交流等四大方面。由于描述出了学习结果与表现,该表现标准不仅为外部大规模考试与问责提供了明确的依据,也为教师、学生提供了明确的评价依据和学习目标。

表1-1　新南威尔士州第五阶段科学领域的表现标准(节选)

等级 E	等级 D	等级 C	等级 B	等级 A
◎ 回忆科学研究对于科学、社会、技术、环境造成影响的一些例子	◎ 罗列出科学研究对于科学、社会、技术、环境造成影响的一些例子	◎ 描述科学研究对于科学、社会、技术、环境造成的影响	◎ 解释科学研究对于科学、社会、技术、环境造成影响的一些例子	◎ 评价科学研究对于科学、社会、技术、环境造成的影响

上述行动体现了新南威尔士州教育部的基本设想——基于各个学科的表现标准,教师可以开展校本评价,州教育部则可开展外部大规模考试,最后综合这两方面成绩,以此作为决定学生升学或教学补救的依据。在该设想中,表现标准不仅为教师开展课堂教学提供支架,进而也为教师赋权增能的课堂评价提供平台。上述关系可用右图做形象说明。

图1-3　表现标准与标准参照评价、教师专业发展、学生学业成就的关系

同样,我国台湾地区深受基于标准的教育改革的影响,一直努力学习国际经验。从2012年公布的评价标准[2]来看,其标准—评价—问责体系正在建设中,且尤其关注基于标准的评价对于教学、学习的功能。依据标准研制单位台湾师范大学心理学系曾芬兰副主任的说明,研制评价标准的宗旨在于:以标准为核心,带动学校评价和外部考试的改革;以评价改革带动教育教学的改革。[3] 这种宗旨集中反映于图1-4。

---

[1] Hafner, R. Standards in science education in Australia [C]. In D. J. Waddington, P. Nentwig, & S. Schanze (Eds.), Make it comparable: Standards in science education. New York, NY: Waxmman, 2007: 34.

[2] 在台湾地区,assessment 被翻译为"评量",本书统一用"评价"来表示 assessment。

[3] 曾芬兰. 标准本位评量在班级评量中之挑战[EB/OL]. (2012 - 12 - 28). http://www.icsba.org/.

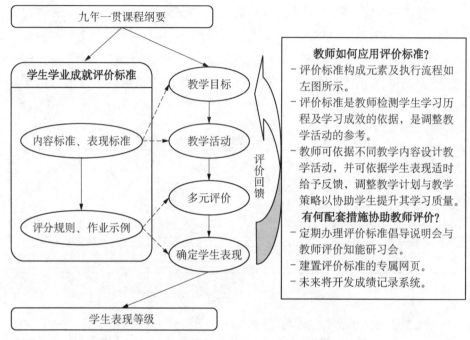

图1-4 台湾评价标准的构成、执行流程及说明

若扩大表现标准对教—学—评价值的相对狭窄视野,从更宽泛范围来审视,表现标准与内容标准的作用益发重大,包括:说明教育政策;检视教育制度变迁;扮演政府与学校沟通对话的工具;提供教育评价的客观标准;分配教育制度;分配教育资源。

追问建立标准—评价—问责体系之原因,它实则体现出这样一种教育行动理论:既然标准规定了我们想要的教育结果,那么基于标准的教育改革要以标准为依据。要判断标准是否达成,需要评价学校教育;标准与评价为学校、学生提供了清晰的学习期望。问责则激发学业成就利益相关者的动机,促使他们努力去实现

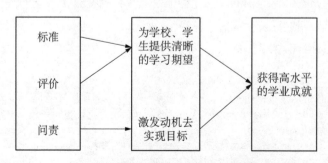

图1-5 基于标准教育改革的行动理论

高成就目标。^① 这种行动理论如图 1 - 5 所示。

深入分析这种行动理论,不难发现其背后逻辑是:(1)如果课程用户,特别是教师,能清楚标准;(2)如果标准得到广泛的传播与接受;(3)如果标准被用于指导教学;(4)如果评价与标准保持一致;(5)如果评价被认为是重要的;(6)那么学生学业成就将得到改善。这种逻辑设想不仅是一种理论预期,更是建基于大量经验研究之上的。^② 拿新南威尔士州来说,其教育质量在澳大利亚独占鳌头,而澳大利亚教育质量举世闻名。这种教育质量可能归功于多个方面,但着实与新南威尔士州的标准—评价—问责系统关系密切。

综上所述,基于标准提升教育质量是国际教育发展的共同趋势,我们能强烈地感觉到教育标准在教育系统中的核心地位,而内容标准与表现标准都是其中必不可少的组成部分。表现标准之所以得到极大关注,这是因为它要回答的问题是"足够好到底是多好",它描述学生对内容标准掌握的程度,是国家对教育质量的重要表达。实践中,为确定应试者是否掌握某个学科领域的学习要求,人们常常要对学生的掌握水平进行划分,表现标准就成为评价设计必须解决的问题。这样当表现标准设置后,它能为评价提供更直接、具体的依据,人们可据此通过应试者表现来判断应试者所处的掌握水平,或应试者是否可通过平时测试和选拔测试。在很大程度上,表现标准正是为了保证内容标准得到执行和落实而建构的,它相当直接地反映了 20 世纪 80 年代中后期以来,人们对基础教育质量问题的关注和对卓越教育的期待,表明人们趋向于从多个方面来理解课程内涵,课程不仅仅被认为是学习内容,还包含学生的学习活动及其表现和结果。从课程实施与评价角度看,对表现标准的规定和说明甚至比对内容标准的界定更具影响力,因为表现标准能为衡量和评价课程提供更直接的尺度。

第二节　我国深化课程改革对表现标准的呼唤

我国课程改革已取得阶段性成果,但在实践过程中也逐渐暴露出一些亟待解

---

① Elmore, R. F. E. & Rothman, R. E. Testing, teaching, and learning: A guide for states and school districts [M]. Washington, D. C.: National Academics Press, 1999: 16.

② Squires, D. A.. Aligning and balancing the standards-based curriculum [M]. Thousand Oaks, CA: Corwin Press, 2005: 62 - 65.

决的问题,其中尤以表现标准的缺失较为突出。

一、课程标准的发展困境

2001 年,我国发起了第八轮课程改革,课程标准是本次课程改革的标志性文本,也是教育改革理念的核心体现。更重要的是,课程标准从教育结果的角度规定了学生应知与能会的内容。显然,课程标准是设计课程、编写教材、指导教学、开展学生学业成就评价的基础,其重要性无需赘言。历经十余载,课程标准得到全面推广,但在实施过程也遇到众多挑战。

(一)课程标准不能满足国家教育质量保障的需求

确保国家教育质量的一个重大前提是课程标准必须规定学习质量要求,否则人才培养无从谈起。我国课程标准的基本性质是内容标准,对于知识内容规定得很明确,但课程标准的目标过于笼统,学科课程标准没有明确对学生学习程度的要求,例如义务教育阶段的语文课程标准在四个阶段阅读的要求中都有"能用普通话正确、流利、有感情地朗读课文"[①]这一目标,并没有区分不同年段的程度要求。换言之,这种程度要求的缺失实质就是表现标准的缺失,它表明课程标准还没有突出学业质量要求,进而导致基础教育不能得到全面健康发展。在国家教育质量监测层面,课程标准同样遭遇极大尴尬。开展学业水平考试事关国家总体把握教育质量,而学习程度的规定乃是开展学业水平考试的前提。要发挥诊断、改进功能,国家教育质量监测需要事先制订教育质量指标。本质上,教育质量监测以标准为参照。要开展教育质量监测,至少需要两大条件:第一,规定学生应知与能会;第二,规定学生在应知能会上应达到的程度。但由于我国课程标准只有内容标准,没有表现标准,难以满足第二个条件。这是我国学业水平考试的致命伤,没有表现标准就无法确定学生的学业水平,以至于监测结果无法反映教育的真实情况,不同年份的监测结果难以做出比较,或者说无法发现国家教育质量的进步情况。这进一步产生新的问题,即教育质量监测无法为教育决策提供科学的依据,甚至有可能提供错误的数据。

---

① 中华人民共和国教育部. 义务教育语文课程标准(2011 版)[M]. 北京: 北京师范大学出版社,2011: 8—16.

（二）课程标准不能达成大规模考试公正性与严肃性的要求

表现标准的缺失也给大规模考试带来伤害。大规模考试初期往往是临时秘密召集学科专业素养较好教师或加上高校相关专业教师共同命制试题，但由于课程标准没有规定学生应学到什么程度，它不能为命题者提供清晰的命题依据，使得命题因人而异，具有极大随意性。虽然高风险考试，如高考，往往在考试之前出台考试大纲以供参考，但这些考试大纲大多只提供一些指导性建议，有些甚至可等同于简缩版学科课程标准。近年来，为了避免早年出现的"怪题"或"超纲题"，也为了避免社会的指责，考试结束后，具体到评分阶段，评分工作往往先初步批改部分学生试卷，然后依据样本统一放宽或加严评分，以便满足之前规划的试题难度等技术指标要求，以及确保不同年度分数的稳定性。实际上，这种处理办法并没有多少教育价值，只能减损大规模考试自身的权威性。更糟糕的是，在升学主义为核心的问责制下，分数功能得到不合理的使用，它"绑架"了学校、教师、学生，成为奖惩的最主要根据。显然，如果产生分数的来源本身是不清楚的，不是同一个标准，那么分数带来的后果，如决定学生可否毕业，就是不公平的，甚至是不道德的。道理很简单，这种分数没有多少意义，它被过度使用了。

（三）课程标准不能实现引导与规范教学的功能

有学者认为，我国学科课程目标没有规定学习水平，实质是没有包含表现标准。表现标准的缺失将导致课程标准很难被教师理解，进而使其失去规范、引导作用。[1] 崔允漷和夏雪梅则认为，学科课程标准在学习要求程度上没有作出具体规定，这使得地方、学校、教师很难获得明确的学习目标。[2] 徐岩和丁朝蓬则通过实证研究，以问卷方式调查济南市一百多位地理教师对义务教育地理课程标准的意见，同时访谈了化学、科学、生物课程标准主要研制人员及江苏省内一些教研员，发现被访问者的看法有：

> 新课程标准的创新特色受好评，但在具体指导、可操作性方面有待加强。

---

① 雷新勇,周群. 从基于标准的基础教育改革的视角审视课程标准和学业水平考试[J]. 考试研究,2009(1)：46—56.

② 崔允漷,夏雪梅. 试论基于课程标准的学生学业成就评价[J]. 课程·教材·教法,2007(1)：13—18.

在具体的技能和情感、价值观的要求方面，还有待于进一步细化；评价这一块多是直接译介国外的，更加缺少自己的研究，对于应如何描述学习结果和评价学生学习结果的标准则更缺乏明晰的认识。①

其实徐、丁两人想强调的是，我国还没有包括表现标准在内的评价标准，这严重制约了课程标准的落实。

二、教师教学的实践困境

课程改革有很多实施主体，教师固然处于最低层级，但他们是真正执行变革的关键人物。如果教师不能很好地理解课程标准，或者不能执行课程标准，那么课程标准只能成为一纸空文。由于我国课程标准基本没有规定具体的学习程度要求，这给教师教学带来了极大困扰。

（一）"到底该教到什么程度？"的无解

1995 年物理本科毕业后，我被分配到一所乡镇完中，1997 年调至县城一所重点高中。在新学校的第二个月，我就遇到了一件平生难忘的事情。作为新来菜鸟，根据惯例，前三年得开全校公开课。记得那天我上课的主题是"应用平衡力的试卷分析"，刚一下课，教研组长就找我谈话，言下之意是我上课的内容深度不够，不能满足重点中学的要求，并向我举例说："'木块静止在水平面上，求地面受到的支持力'这个题目太简单了。你能不能把它改成——木块静止在斜面上，求斜面对木块的作用力？"我说，根据教学大纲，该内容要求就是应用平衡力，我设计的题目难道不正是应用平衡力吗？教研组长一时无语，过了半晌才说："这里的'应用'会有不同难度要求的，你有空去看看高考试卷，相关试题从来不会这么浅显的。"下班回家查阅高考卷后，我从心里认可了教研组长，但有个疑问一直挥之不去——难道高考试卷就是教学与命题的依据吗？我到底该教到什么程度？现在看来，我的困惑其实涉及一个问题，即教学大纲并没有规定学生在学科内容上应学到什么程度。

---

① 徐岩,丁朝蓬.建立学业评价标准,促进课程教学改革[J].课程·教材·教法,2009(12)：3—14.

（二）现有课程标准的"不解渴"

近十多年来，我国教育发生了翻天覆地变化，其中一个显著变化是从教学大纲走向课程标准，但对于学习程度的规定还是没有得到应有的关注。那么，今天的教师是否也存在与我当年类似的困惑？为更好地了解中小学一线教师对表现标准的需求，本研究开展了问卷调查。相关调查设计与结果如下：

表 1-2 教师对表现标准需求情况的调查设计与分析结果

调查设计

1. 取样设计。在地区取样方面，选择了我国不同经济发展水平的三个省份。在学校取样方面，选择了各种类型学校，相关信息如下：

调查省份	学校类型与数量
浙江	重点高中 2 所，城镇初中 1 所，省会所在地小学 2 所，城镇与农村小学各 1 所
河南	重点高中 1 所，普通高中 2 所，城镇初中 2 所，省会所在地小学 2 所
山东	重点高中 1 所，普通高中 2 所，城镇初中 2 所，城镇小学 2 所，2 所农村小学

2. 问卷内容与试测。本调查主要从总体上了解中小学教师对表现标准的需求情况，共设计 9 个调查题目来了解三个方面的情况（具体问卷题目见本表第二部分）：其一是教师对课程标准的看法（第 1、7 题）；其二是教师对学习程度要求规定的需求（第 2、3、4、8、9 题）；其三是教师了解教学目标的途径（第 5、6 题）。问卷题目采取了李克特量表（Likert Scale）的形式，正式形成问卷之前进行施测和改进，计分方法为：完全同意计 5 分；基本同意计 4 分；不一定计 3 分；基本不同意计 2 分；完全不同意计 1 分。

3. 问卷发放与数据处理。具体调查时采取随机方式进行，如调查当日在校教师，要求被调查者在 15 分钟之内现场完成。对于缺失值，采取表列删除法来处理，实际共收到问卷 651 份，有效问卷 626 份。

4. 本调查的不足。本调查抽样并非随机的，而且样本数量还不够大，但总体说来还是能反映一些基本情况。

分析结果

数据分析与结果。借助 SPSS11.5 统计软件，得到如下具体分析结果：

调查项目（总信度 Alpha=0.745 5，达可接受水平）	N	Mean
1. 我认为课程标准应是课堂教学、评价的最重要依据	626	4.30
2. 我很需要课程标准明确具体学习程度要求	626	3.92
3. 我把握不了课程标准，非常需要像作文评分标准那样的教学目标	626	4.44
4. 坦率地讲，我主要是通过教材、试题、经验来确定教学目标	626	4.50
5. 对于同一教学内容，不同素养的学生会有不同表现。课程标准如能对这些表现水平规定出类似"优秀"、"良好"、"合格"等级并加以描述，对把握教学目标很有用	626	3.91
6. 考试是指挥棒，相比课程标准，我更多的是从试题来了解教学目标	626	4.51

调查项目（总信度 Alpha＝0.745 5，达可接受水平）	N	Mean
7. 对于同一知识点，不同学生有不同表现，如两位学生都能打字，但打字的速度和正确率可能不同。可见课程标准仅仅要求学生能正确打字是不够的，还要明确学生需要达到什么表现程度	626	3.95
8. 课程标准里一些知识点要求不好把握，如果能相应地附加一个评价任务来举例说明，我更有可能把握教学目标	626	4.60
9. 我觉得课程标准很有必要罗列出代表表现水平的学生作品及其典型的错误表现，这样能更好地帮助我了解教学目标和学情	626	4.50

调查结果显示：教师认同课程标准的价值定位，但认为它不够清晰具体；教师了解教学目标更多是通过教材、试题与经验；教师非常希望课程标准能详细呈现学科内容的具体学习程度要求。

这些数据表明，虽然课程标准明确指出学生应知与能会，但并没有进一步指出应达到的程度，从而导致教师无法把握教学目标，因此教师非常渴望课程标准能制订出学生学习程度的要求。笔者的一次"惊心动魄"的经历从反面表明教师对学生学习程度要求的渴望：出于研究需要，笔者到一所重点高中借阅各门学科课程标准，在图书管里看到触目惊心的景象——仓库里静静地躺着堆积如山的课程标准！后经了解，不少教师之所以没来领取课程标准，是因为他们阅读了同事先前领取的课程标准后非常失望，认为课程标准不能为他们提供明确的教学目标。

对教学目标把握的无所适从，往往促使教师求助于其他途径来了解教学目标。常见途径有教师自身经验、教材、试题，尤其在高风险考试影响下，教师难免亦步亦趋地模仿校外考试要求来定位教学目标。这本无可厚非，但问题在于这些途径缺乏内在的联系，它们不是来自统一的要求。例如外部大规模考试要求每年在变，并没有固定的命题依据。

虽然校外考试的要求每年在变，但在教育问责高压下，教师为了配合校外考试要求，只好让学生做大量作业与练习，甚至是一些怪题或难度很大的题目。可是，他们心里并不知道这样做的依据是什么。不幸的是，为"配合"教师教学，许多学生为了所谓分数做了大量重复的试题，或者是一些无法完成的"神奇题目"，而这些试题考查的目标是秘密的，因为不仅是学生就是教师也不知道它们究竟是什么。有时家长告诉孩子不需要做这样的题目，往往遭到孩子的抗议——老师要我们做的，否则这次作业不能拿"A"！从幼儿园至高中，在各种各类考试洗礼下，为了获得一个分数或等级,我们的孩子慢慢被分数文身了。就此,或许我们不能指责教师太多,实际上许多教师也非常苦恼,因为他们知道如此操作并不合理,但又没有更好的办法。实质上,教师的苦恼其实就是课程标准的苦恼,因为它不能为教师提供明确的学习程度要求,最终在教师教学实践中形同虚设,与教师教学实践处于断裂状态,失去基本的规范功能。

综上所述,我国课程标准由于没有规定学生学习程度的要求,从而导致自身发展困境与教师教学困境。在当前基于标准的国际教育改革背景下,为了接轨国际教育,更为了打破本土现实僵局,研制表现标准已成为无法回避的课题。

第二章 表现标准的历史演变与界定

表现标准有着短暂的历史,却又有着悠久的过去。说它短暂,是因为课程的历史只有百年光景。说它悠久,是因为教育的历史与人类的历史堪称同步。在人类的教育发展史上,表现标准一直渗透、隐藏于不同时期的教育政策、教育书籍和教育活动之中。那么,表现标准经历了怎样的发展轨迹,每个阶段呈现出怎样的特征,其背后体现了怎样的教育价值取向? 这些都是无法回避的问题。由于历史上并不存在独立的表现标准国家文本①,因此本章将从教育标准的角度考察其形态发展并作出界定。

第一节 经验化阶段

人类早期并无表现标准这样的正式称呼,但即便在原始社会,严酷的生活环境和集体生产劳动都需要各种形式教育来帮助先民学习相关生存技能及其要求。判断"学习"效果,只能凭经验进行。随着教育的发展,这些略显简陋的经验慢慢变得更为规范。

一、从 standard 词源考察谈起

要了解表现标准,有必要考察教育标准中的"标准"一词。在《辞海》中,"标准"

---

① 杨向东.基础教育学业质量标准的研制[J].全球教育展望,2012(5):32—41.

被释义为"衡量事物的准则",引申为榜样、规范。[1] 言下之意,标准是一种大家必须遵守的准则,是有待评价的事物品质的一个方面或维度。

在英语体系中,教育标准的"标准"对应于"standard"。据贝蒂克(A. Batik)考察,standard 的内涵最早出现于圣经。在土木建筑史上,《创世记》记载了主(Lord)要求诺亚(Noah)制造方舟的故事,诺亚被告知方舟需要用树脂木头构成并涂上沥青。贝蒂克认为,"树脂木头与沥青涂料"是对方舟质量的具体标准。经进一步考察,他注意到,对耶路撒冷所罗门寺庙的建筑,圣经同样提出了建筑标准的要求。在他看来,标准发展的历史就是人类对材料、过程、产品改进的历史,也是把这些信息告诉需要了解信息的人的历史。[2]

对"standard"的详细解释可见之于牛津词典。在牛津词典里,standard 有 30 多条解释,大致可划分为两大类。一是关于军事或航海的旗帜,二是关于测量参照的典范或标尺(measure)。standard 一词的出现与一次战争有关。1138 年,英格兰与苏格兰在 Northallerton 发生了一场激战,史称"Battle of Northallerton",也被称为"Battle of Standard"。依据当代编年史的解释,standard 当时被描述为轮船桅杆上的旗帜,标志着军队集合的地方。之所以被称为 standard,乃是因为旗帜所在地正是体现与勇气相关的征服与死亡之处。standard 第二层意思是表示测量或称重的权威典范,言下之意这是来自权威的标准(the king's standard)。[3]

可以看出,第一层意思隐藏着在旗帜下军队必须集合,第二层意思隐藏着要忠诚遵循某种典范。随后,standard 超越了军队、航海领域,进一步被引入生活领域,如商业、金融等领域同样要忠诚地遵守官方或皇室规定的准则。在各种领域或行业,出于特定目的,人们对事物质量进行测量时,就用 standard 代表该事物应充分达到的质量水平。在很大程度上,可以认为人类生活需要测量,而测量就意味着需要标准,需要一种可供交流的参照。

从上述标准的词源看,标准本身就是一种目标和测量该目标的尺度。为了使得目标(goal)具有操作性,人们需要一种更具体的目标,或者说需要把目标进行测量化以便实务操作。与此同时,如果要判断是否达到目标,还需要人们借助一定任

---

① 钟启泉,张华. 世界课程改革趋势研究[M]. 北京:北京师范大学出版社,2001:238.

② Ravitch, D.. National standards in American education: A citizen's guide [M]. Washington, D. C.: Brookings Institution Press, 1995:8.

③ Aldrich, R.. Lessons from history of education [M]. London and New York: Routledge, 2006: 143.

务或活动,以便做出判断。可见,标准内在规定了三个要素:目标、任务、对于目标是否达成的判断或评价。

　　人类历史长河中,先民很早就有了标准意识,如造字和造数,就是为了让更多人在更大范围内了解事物、统一行动。这种探索是朴素的,而且不同人类活动领域的标准各有特色,发展速度也有所不同,其中以测量领域发展较为快速、成熟。据考古发现,大约 100 万年前,先民制造不同长矛以匹配自身的肌肉力量与形体大小,制造下一柄长矛时则往往借鉴原来的长矛,这样每人都拥有符合各自需要的长矛。此时的标准更多针对个人,并无统一规格。大约 8000 年前,底格里斯河、幼发拉底河、尼罗河流域出现人类文明,先民在此建筑木屋,用自己身体部分(如脚的长度)作为标准,制作织机、犁、锄头、镰刀。大约 5000 年前,埃及人发明了测量工具腕尺(cubit)。皇室规定全国范围内的测量都要以它为标准,否则将被处以死刑。[①]

图 2-1　埃及皇室的腕尺

图 2-2　长度单位"码"的规定

　　900 年前,亨利一世(Henry I)下旨规定了"码"的长度:他的鼻子到大拇指的距离。从此,"码"成为英格兰的标准长度单位。据说,为了确定码的长短,亨利一世曾亲自组织有关人员讨论一码到底应该定为多长,大臣们为此各抒己见,争论不休。在一旁听得不厌烦的大英皇帝,一急之下,顾不上尊严,一拍大腿,伸手指着大臣道:笨蛋,一码就是从我的鼻尖到我的食指尖之间的长度。码就是这样在一气之下随便定下来的。

　　1790 年,巴黎会议规定:1 米为地球北极到赤道距离的千万分之一,而这以通过巴黎、连接南北极的子午线的四分之一为基数,取该基数的一千万分之一为一个长度单位,叫做米(metre)。后来为了在国际上准确地统一使用,又定出一个标准:将

① Aune, B.. Standards: Where we've been and where we're going [DB/OL]. (2012-04-05). http://mnrea. org/wp-content/uploads/2012/11/Conference_Standards_Aune. pdf.

化学元素"氪86"在真空中发射出的橙黄色光波长 λ×1 650 763.73 的积定为 1 米。[1]

可见,科学测量学中,长度的发展具有如下重要特征:(1)标准的规定是越来越精确的;(2)标准是种共识结果;(3)标准是为了更好地统一规范。后两大特征与 standard 词源本意是一致的。但是,在其他领域,特别是我们的教育领域,是否也具有这种特征?由于人类需要引起的优先发展差异,相比测量学科,教育学科发展相对滞后,但如果作为一种规范,我们可以判断教育标准具有(2)、(3)两种特征,至于教育标准是否需要越来越精确,以及早期是否就具有明文规定,则需要我们做进一步考察。

二、评价的宠儿:经验判断

相比长度标准的快速发展与精确化特征,教育标准显得相形见绌,特别在课程未真正诞生之前。确实,在古代未曾出现现代意义上的课程,但自奴隶社会开始,教育的专门化和正规化便已开始,出现明确而稳定的教育对象和从事教育活动的专门人员,具有固定的场所与一定的组织形式,并具有相应培养目标、教学内容与"教材"。在某种程度上,这种学校教育或私塾教育可被视为具备了初始意义上的"课程",那些对"课程"或教育内容的成分、程度等做出认定或提出要求的陈述或规定,可被视为初始意义上的"教育标准"。

因此,在一定程度上教育标准已有相当长的历史,其初始形式在古希腊时就已出现。在苏格拉底时代,在取名为"吕克昂"(Lyceum)的"学园"里,教学内容的"标准"就是"逻辑"和"真理",教师要求学生所要达到的标准即是要在辩论中显示出所掌握的逻辑和真理,其优于对手的表现应体现在"逻辑"与"真理"上,而不是其他方面。[2] 柏拉图更是提出培养哲学王的学制体系,不同年龄段的培养目标可被认为是种初始化的教育标准。

同样,我们可以认为,古代中国在周朝为培养官吏所设立的"六艺",以及柏拉图在《理想国》中对算术、几何学、天文学、音乐、体育、文法学和修辞学在教育中地位和作用的陈述,都可视为初始意义上或早期观念形态的教育标准。[3]

① Aune, B.. Standards: Where we've been and where we're going [DB/OL]. (2012-04-05). http://mnrea. org/wp-content/uploads/2012/11/Conference_Standards_Aune. pdf.

② Reeves, D. B.. The leader's guide to standards [M]. Danvers: John Wiley & Sons, Inc. , 2002: 6.

③ 柯森. 基础教育课程标准及其实施研究——一种基于问题的比较分析[D]. 上海: 华东师范大学博士论文, 2004: 16.

　　实际上,无论是古代中国的"六艺"、"四书"、"五经",还是继承、系统化柏拉图教育思想的西方"七艺",都具有培养目标与教学内容。当时的教学内容往往就是学习结果,或者说现代意义的学习结果未曾得到明确规定,但这并不意味着这些"课程"没有目标。只是由于判断教育结果的"标准"没有具体化,或者鲜见规定明确的学习水平或程度,教育对象的学习成效大多来自他者的经验判断。

　　一个明显例子是,中世纪大学考核学生是否可以拿到学位,论文答辩时往往凭据考核者的判断。在主考官看来,学生必须具备某些大家或行会公认的某种知识才能通过答辩,但这"某种知识"只是个人或者几个考核者的判断,其判断标准是隐性的默会知识。[1]

　　我国古代同样存在大量"评价"与"标准"的事迹。2000多年前,我国最早一部教育专著《学记》对学生考核评价进行了专门论述:"比年入学,中年考校,一年视离经辨志,三年视敬业乐群,五年视博习亲师,七年视论学取友,谓之小成。九年知类通达,强立而不反,谓之大成。"言下之意,学生到了规定年龄入学,国家每隔一年进行一次考试。第一年考察他们能否分析经义的章句,辨别并确定自己志向。第三年考察学生能否专心致志,与大家团结友爱。第五年考察他们所学知识是否广博,对师长是否亲善。第七年考察学生对所有知识是否能形成自己的观点和看法,能否选择良好品质的人做朋友,达到这些"标准",称之为"小成"。到第九年,则考察他们推理论事、触类旁通的本领,以及是否具有坚定不移的志向,如果达到"标准"称之为"大成"。对于上述思想,我国学者陈桂生做了如下极好的总结[2]。

表 2-1　《学记》的"考校"之制

目标	期限	考程		学程目标
		业		
小成	一年	离经		安其学
	三年	敬业	自	
	五年	博习	师	亲其师
	七年	论学	友	乐其友
大成	九年	知类通达	强 不反	信其道

① Sadler, D. R. . Specifying and promulgating achievement standards｜ Oxford Review of Education, 1987, 13(2): 191-209.

② 陈桂生.《学记》纲要[J]. 华东师范大学学报(教育科学版),2004(3)　:—74.

　　这表明当时学校已有教育考核目标、时距和要求,早期学生智力考核制度初具雏形。① 曾对世界影响重大的我国的科举考试,其考试要求为士子必须以熟读儒家经典为基础,通过帖经、墨义、诗赋、策问来考察考生。据刘尧考察,这四种考试方法具体操作为：帖经——将所考经书的某页,遮掩两端仅露一行,再用纸帖盖此行的三五字,让考生填写这几个字。此法即为今天的填空题的前身。墨义——这是一种对经义的简单问答,相当于现今的简答题,但主要检查考生背诵经书的情况。策问——这是一种考生可以根据自己的理解进行论证发挥的问题。其上承汉代策问贤良等方法,后继现时的论述题、详答题。诗赋——诗赋出自进士科的杂文考试。②

　　但这些评价与标准还不是现代意义上的评价与标准,因为这种考试形式僵化,考评者可以根据个人爱好、经验等评分,缺乏客观公平的标准。如孔子就凭经验来考察学生,认为人的心理是可以在言语和行动中表现出来的,只要"听其言而观其行",便可洞察一个人内心底蕴,并以自己朴素的"测量"方法,将人的素养分为三等,即"中人"、"中人以上"和"中人以下"。③ 国人喜爱的苏东坡居士也经历过这种凭经验判断的遭遇。仁宗嘉祐二年他进入殿试,时任主考官欧阳修看了他的文章后,十分欣赏其文章风格与内容之美,但怀疑乃是其好友曾巩所著。为了避嫌,他把本来被列为首卷这篇文章改为二卷,结果苏东坡那次考试结果变为第二名。④ 同样,除科举外,举荐是我国选官的另一重要制度设计,如陶渊明就曾被举荐为彭泽令。举荐同样没有明文规定的标准可言,无非是通常要求被举荐者和举荐者为世家大族,实质上很大程度上依赖推荐人的看法与喜好。

　　在这一时期,教育理论的研究尚未独立与分化。学者们对教育问题的认识融合在其政治、伦理、哲学著作之中。他们对课程的认识是片面的、零碎的,散见于一些政治、伦理著作之中,鲜见有关教育标准及相关研究。

---

① 万虎.论我国教育评价思想的源流历史和发展趋势[J].科教导刊,2010(2)：9—10.

② 刘尧.中国教育评价发展历史述评[J].北京工业大学学报(社会科学版),2003(3)：88—92.

③ 程家福,王仁富,武恒.简论我国心理测量的历史、现状与趋势[J].合肥工业大学学报(社会科学版),2001,15(S1)：102—105.

④ 林语堂.苏东坡传[M].北京：作家出版社,1995：38.

第二节 具体化阶段

随着社会的发展,"标准"一词渗透于社会各个领域,大有"泛滥成灾"之势。如食品有安全标准,航空有飞行标准,甚至连选美都有"三围"标准。在教育领域,由于国家对国民基本素养的要求,需要规定和衡量课程或教育内容,教育标准也是汹涌而至。

一、1862—1917:历史深处的回眸

教育标准受教育与课程演进的影响,如学科的发展要求教育体系建立相应学科体系。一般认为,进入文艺复兴时代之后,随着文化复兴和科学技术持续发展,知识体系在迅速扩展的同时不断分化,形成了由众多学科组成的新的学科体系,教育内容和课程设置逐渐转变为主要由学科为基础的学科课程体系。另一方面,进入近代之后,工商业和资本主义的发展,在改变经济结构与社会制度的同时,也带来学校的发展和教育体系的建构,各级各类学校的不断建立和发展,使较为完整的学校教育体系得以形成,近代学制和班级授课制成为主导制度,各级各类学校各年级的课程设置趋于系统化。为此,对课程设置加以规范和管理变得越来越必要。①

在这一历史背景下,大约从 19 世纪开始,一些国家陆续通过规章或法律形式来规范各级各类学校课程设置,各种由国家或地方制订的课程标准或具有同类内涵和功能的教学大纲,逐渐普遍成为一种课程设置与管理文本的形式和工具。1862 年,standard 出现在英国小学修正法中,牛津词典把它界定为:通过测试来确定学生学习的熟练程度,并依此对学校和学生进行分类。为提高儿童阅读、书写、算术能力,英国教育部出台六条标准,每条标准要求逐渐提高。② 从下表可看出,该教育标准比较具体,在性质上是内容标准或可被粗略视为表现标准,每次考试的题目要求或水平划分可被视为学生必须达到的"表现标准"。

---

① 柯森.课程标准起源和演进的历史考察[J].华南师范大学学报(社会科学版),2004(6):94—101.
② Aldrich, R.. Lessons from history of education [M]. London and New York: Routledge, 2006: 149.

表 2-2　英国 1862 年修正法对阅读内容的规定

	一年级	二年级	三年级	四年级	五年级	六年级
阅读	用单音节词组成的叙述句	学校所用的初级读本中较单音节词复杂一些的叙述句	学校所用的初级读本中的短段落	学校所用的较高级的阅读课本中的一小段	学校一年级用的阅读本中的几行诗	报纸中和其他记叙文中普通的一小段

同样,美国自 19 世纪开始出现了一些教育标准雏形。例如韦伯斯特拼写器(Webster's Speller)就设置了有关拼写与发音的标准,学校也用类似的材料与标准来判断学生表现。当时,美国还没有全国性统一考试,因此高等院校自行设置招生要求。1892 年,十人委员会(Committee of Ten)成立后,提出设置新课程标准(New Curricular Standards),试图改变高等院校与大学的招生做法。[1] 1913 年,美国课程的焦点发生改变,不少人觉得极有必要设置具体的目标来测量教育对学生的影响。[2] 随后,中等教育重整委员会(The Commission on the Reorganization of Secondary Education)公布一项报告,该报告聚焦于非学术课程(例如职业训练、农业与家庭理财),认为教育的主要目标是为了满足儿童和社会的需求。[3]

在这期间,产生了各种形式的表现标准,如当前美国中小学广泛采用的四等级评分表就是一种表现标准表现形式,该做法是耶鲁大学于 19 世纪 80 年代首先推行的。1897 年,曼荷莲学院(Mount Holyoke)率先采用字母等级评分,每个等级下配置文字说明,它们对学生提出的学习要求,也是一种表现标准形式。[4]

受西学东渐影响,课程概念逐渐走进中国。我国严格意义上文本形态的课程标准,同样是在近代学制和教育体系的形成过程中,伴随着严格意义上课程的明确化和系统化而产生的。清末各级新学堂所订章程中的《功课教法》对课程门目及课

---

① Ravitch, D.. National standards in American education: A citizen's guide [M]. Washington, D. C.: Brookings Institution Press, 1995: 37.

② Weil, D.. Couching the standards debate in historical terms: Developing a dialectical understanding of the standards debate through historical awareness [C]. In A. Raymond, J. Horn, & Joe L. Kincheloe (Eds.), American standards: Quality education in a complex world. New York: Peter Lang Publishing Inc., 2001: 45-47.

③ Ravitch, D.. National standards in American education: A citizen's guide [M]. Washington, D. C.: Brookings Institution Press, 1995: 41.

④ 许明,胡晓莺. 美国基础教育课程标准述评[J]. 教育研究,2002(3): 78—83.

时的相关规定和说明,可视为近代意义上课程标准的雏形。1912 年由民国政府教育部颁布的《普通教育暂行课程标准》,则是中国课程史上第一个正式使用"课程标准"名称的文本形态的课程标准,1913 年则进一步公布了《中学校课程标准》。①

表 2-3　民国初年的《中学校课程标准》(节选)

课程 ＼ 学年	一	二	三	四
修身	持躬处世,待人之道	对国家之责任,对社会之责任	对家族及自己之责任,对人类及万有之责任	伦理学大要,本国道德之特色
语文	讲读,作文,习字(楷书、行书)	讲读,作文,文字源流。习字同前	讲读,作文,文法要略。习字同前	讲读,作文,文法要略,中国文学史。习字(行书、草书)
外国语	发音,拼字。读法,译解,默写。会话,文法,习字	读法,译解,默写,造句,会话,文法	读法,译解,会话,作文,文法	读法。译解,会话,作文,文法,文学要略

和当代一样,这些标准总是伴随着评价。通过考试设置分数线来划分学生表现等第,以便甄别、选拔学生,等级或分数就是这些标准的操作形式,或者说标准被数字量化了。换言之,如果把考试后达到的分数或要求作为学生需要达到的水平,那么这些考试成绩或等第说明就是考试后的"表现标准"。

二、1918—1949:课程先驱的遗产

20 世纪初期正是课程领域渐渐成型之际,亦正是欧美教育从国家社会整体角度来检视发展教育目标的时期。如 1918 年,美国中等教育重整委员会提出了《中学教育的基本原则》,而英国科学教育促进会也发表了对中小学科学教育目标的建议。② 可以说,整体教育目标与分科教育目标日渐受到官方和民间团体的关注。

在学术层面,教育目标的研究则取得了突破性成果。1918 年,博比特(F.

---

① 吕达. 中国近代课程史论[M]. 北京:人民教育出版社,1994:253—254.
② 杨龙立. 课程目标的理论研究——课程目标应否存在的探讨[M]. 台北:文景书局有限公司,1997:2.

Bobbit)出版了第一本课程专著《课程》,其面世成为课程专门研究领域诞生的标志。20世纪30—40年代,泰勒原理的问世和成熟,被普遍认为是课程论成为独立学科的标志,所以该阶段被看作是课程成为独立、专门学科的时期。

继《课程》出版后,1924年博比特又推出了《怎样编制课程》。这两本巨著探讨教育本质与课程本质,以及课程开发方法——活动分析法。在博比特看来,课程编制需要采取如下科学化分析程序: (1)人类经验分析;(2)活动分析;(3)派生目标;(4)选择目标;(5)制定详细计划。[1]

1923年,查特斯(W. W. Charters)写出《课程编制》,认为"首先必须制定目标,然后选择课程内容,在选择过程中,必须始终根据目标对课程内容进行评价"。查特斯的课程开发方法被称为工作分析法,主要程序有: (1)通过研究社会背景中的人类生活,确定教育的主要目标;(2)把这些目标分析成各种理想和活动,然后再继续把它们分析成教学工作单元的层次;(3)将上述理想和活动,按其重要性程度加以排列;(4)把对儿童有很大价值但对成人价值不大的理想和活动,提到较高的位置;(5)删除在校外能学得更好的内容,然后确定在学校教育期间能够完成的最重要的内容;(6)收集处理这些理想和活动的最佳做法;(7)根据儿童心理特征安排内容,以便儿童通过一种适当的教学顺序获得它们。[2]

博比特和查特斯都重视从分析成人活动得出课程目标,重视目标在课程编制中的作用。被誉为现代课程理论之父的泰勒(R. Tyler)更是强调目标的作用。1929年,泰勒就职于俄亥俄州立大学所主持的教育研究局的成就测验部门,在工作期间他发现当时教育存在两大问题:一是测验只重学科内容,由学科内容的样本所写成的题目变相地代表了课程目标;二是学生记下所有上课内容,看似学会了课程目标,却无法与实际生活配合。为此,泰勒主张:教育目标应以行为化名词来界定,要用目标的改良来校正当时教育目标的缺失;采取先定目标再选教材的手段来规避教师教学散漫之弊;以行为化动词来界定学生应具有的表现来防止学生知与行的脱节。[3]

1933—1941年,泰勒参与"进步主义教育协会"的"八年研究",受命进行课程与评价研究。以泰勒为首的评价委员会按照课程目标给课程试验设计了一套新的

---

① 丛立新. 课程论问题[M]. 北京:教育科学出版社,2000: 30—33.
② 丛立新. 课程论问题[M]. 北京:教育科学出版社,2000: 33—34.
③ 杨龙立. 课程目标的理论研究——课程目标应否存在的探讨[M]. 台北:文景书局有限公司,1997: 22.

评价方法,这套方法以课程目标为依据编制测验、制订评价标准,获得成功。"八年研究"第一次提出教育评价的概念,并赋予它明确含义。教育评价的一个重大亮点是以教育目标为依据,凸显目标对评价标准的作用,对教育活动进行价值判断。评价和测量不同,测量给予我们的是数字,它的目的是从数量上来把握实态,评价则要求我们判断出这些数字所包含的价值所在,即对这些数字所包含或所预示的意义做出解释,并从价值判断的角度把握实态。①

1949 年,泰勒出版了现代课程理论的圣经——《课程与教学的基本原理》,提出了课程开发的经典模式——泰勒模式,即以目标为课程开发的基础和核心。具体而言,泰勒模式包括四大内容:第一,学校应该达到哪些教育目标? 第二,提供哪些教育经验才能实现这些目标? 第三,怎样才能有效组织这些教育经验? 第四,我们怎样才能确定这些目标正在得到实现?② 至此,泰勒实现了华丽转身:从三十年代站在测验的立场转向现在站在课程与教学立场来谈目标。

博比特、查特斯、泰勒提倡课程目标要具体,能用可评价的行为动词来描述,强调课程目标在课程中的中心位置,在某种意义上正是在确立目标的法定地位,以及评价等要素的体系化,使得课程成为一门独立学科。如果以教育标准性质来衡量的话,总体上,此时课程大纲或课程目标的性质基本为内容标准。

三、格拉泽的贡献与苦果

泰勒虽提出目标具体化,但如何具体化则未深入讨论,等到 1956 年布卢姆(B. S. Bloom)的《学习目标分类法》出版,人们才可以将行为表现依照目标分类法做有系统的比照。然而真正推动行为目标的使用则要归功于更详细的目标叙写法的出现。1962 年,马杰(R. Mager)提出目标叙写的四个要素:主体、行为、条件、表现程度,即 ABCD 模型。主体指学生。行为指学生完成某一单元之后应表现的一些动作、行为。条件指表现时的一些情境、限制与工具等因素。表现程度指合格标准。③

① Husen, T. & Tuijnman, A. C. Monitoring standards in education: Why and how it came about [C]. In A. C. Tuijnman & T. N. Postlethwaite (Eds.), Monitoring the standards of education. Trowbridge, UK: Redwood Books, 1994: 1 - 21.

② Husen, T. & Tuijnman, A. C. Monitoring standards in education: Why and how it came about [C]. In A. C. Tuijnman & T. N. Postlethwaite (Eds.), Monitoring the standards of education. Trowbridge, UK: Redwood Books, 1994: 4 - 46.

③ Davis, I. K.. Objectives in curriculum design [M]. New York, NY: McGraw-Hill, 1976: 57.

相比泰勒的行为目标,马杰的目标叙写更为具体,因为泰勒认为目标里的行为部分不应要求过度分化。目标叙写的具体化促使教育目标落实于教学场合,但同时也为后续行为目标使用,特别是运用于标准参照测验,埋下弊端——为什么要有外显行为? 行为能以原子化方式分解吗? 原子化行为目标能适用于所有学习领域吗,如美学领域?

由于浅显易为,马杰的目标叙写主张深受广大教师喜爱,极大推动了行为目标的使用。而从外界背景观察,助长行为目标盛行的因素有三股动力:标准参照测验、能力本位教育、绩效责任。这三股动力中,标准参照测验(criterion-referenced test)是基础,因为后两者皆要以它为主要依据。标准参照测验的提出乃根植于教育评价的需求,特别是对常模参照测验(norm-referenced test)的不满。

在学业成就评价历史上,常模参照测验是早期应用较多的评价方法,20 世纪初至中叶,正态分布曲线在教育测验中得到大量应用。这种测验为学生排序、分数处理提供极大便利。由于正态分布曲线的优点,人们总是有意或下意识地把它运用于测试,使得学生等第分布符合正态分布曲线。这种测验似乎专门为区分学生成绩差异而设计,测验内容与课程目标的关联性无关紧要。正如布卢姆所言:这样测量的结果是,学生成绩取决于他所在群体里区分出来的等第次序,而不能反映他是否掌握学习要求。在学校里,教师或教育行政人员往往都是先验地依照"正态分布曲线"建立起教学期待,而后通过机动灵活的测量与评价手段,终于达到"期待",达到预期的"自我实现"。①

简要地说,这种测验产生了诸多问题:第一,鼓励竞争可能带来副作用;第二,用测验选拔对某些团队可能不公平;第三,测验与教学联系不紧密。这些问题促使人们思考测验与教学的关系,寻找一种能促进教学的测验形式。1962 年,格拉泽(R. Glaser)率先用常模参照测验概念化了上述测验,明确指出常模参照测验的弊端,建议把测验分为常模参照测验和标准参照测验。格拉泽认为要超越常模参照测验的"陷阱",需要一种为每个学生设置的学习目标,通过测验以判断他们掌握与否,进而为教学决策提供信息。②

在英文语境下,与 standard 意思相近的一词为 criterion,二者在国内皆被翻译

---

① 杨启亮.困惑与抉择——20 世纪的新教学论[M].济南:山东教育出版社,1995:251.
② Glass, G. V.. Standards and criteria [J]. Journal of Education Measurement, 1978, 15(4):237-261.

为标准。① 为学生设置的学习目标就是格拉泽提倡的 criterion,它是标准参照测验最核心的概念。那么,criterion 到底是什么,或者说有什么基本特征? 按照格拉泽原意,这里的 criterion 是为确定学生学习现状而设置的连续发展量表。关于连续发展量表的具体含义,格拉泽曾做过如下描述:熟练度测量的概念中隐含着这样一种想法,即存在一个从完全没有熟练水平到最佳熟练水平的技能发展连续体。

1963 年,格拉泽再次撰文重申 criterion 的含义:在标准参照测验中,学生表现所对照的 criterion,乃定义了成就连续体上每一个水平上的行为。当这样使用 criterion 一词时,它并不仅指课程结束时的最后行为。只要能恰当地反映个体表现,标准水平(criterion level)可以设定在教学中的任意一点上,这个点是可识别的特定行为。② 由此可见,criterion 是一种外显标准行为集合,标准行为集合具有不同发展水平。上述思想可用下图加以描述:

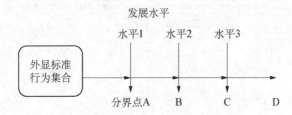

图 2-3   标准参照测验中"标准"的含义

上图表明开展标准参照测验需要两大条件:第一,确定多水平表现层级;第二,精确地描述这些表现水平层级。这两大条件恰恰体现出该阶段表现标准的核心特征,但是否非得用精确的行为来描述表现标准则另当别论。可能受当时行为主义,特别是布卢姆学习目标分类的影响,格拉泽强调学习目标的外显化。实际上,行为目标是标准参照测验的先声,因为它为测验编制提供了内容与行为。由于语言晦涩艰深,格拉泽的 criterion 被误解为考试结束后划分表现水平的分界分数。③ 这种误解影响深远,1986 年,葛尔兹(M. E. Goertz)考察美国教育标准时,就用 performance standards 来表示学生获得的某个最低素养标准的分数或某个等

① 在国内,标准参照测验中的 criterion 约定俗成地被翻译为标准,为了避免误解,行文时将尽量用英文 standard 和 criterion 来表示,其他地方出现的标准一般代表 standard,个别地方视语境而定。

② Glaser, R.. Instructional technology and the measurement of learning outcomes:Some questions [J]. American Psychologist, 1963, 18(8),519-521.

③ 张凯. 标准参照测验理论研究[M]. 北京:北京语言文化大学出版社,2002:27-66.

级,当时许多个州基本用所谓"表现标准"这个词语表示上述内涵。[1]

标准参照测验是评价领域的突破,但在 20 世纪 90 年代之前,测试更关注于精确性要求,研究更多聚焦于特殊、具体的试题。该阶段测试是一种领域参照(domain referencing)性质,它本质上需要用具体方式来陈述被评价的领域内容和行为的细节性目标。一旦领域被极力细化,试题则可依此进行命制。[2]

波帕姆宣称,如果标准参照测验是为了提供关于学生的明确信息,这种信息就必须精确地阐述他们到底能做或不能做什么。要达成这样的要求,考试说明必须具体、明确地对试题做细节说明,惟此才能对学生分数做出完整准确的解释。[3] 此时,通过试题指向的学习结果是简单、具体、特定的。

简单、具体、特定的学习结果能为使用者提供明确的教学/学习/评价目标。评价学生时,如果教师以这些目标为依据并遵循共同规范,那么评价结果就具备较好的一致性,从而客观监控学生在不同时间点的成就和进步。只是学习结果太注重行为操作,难免产生不良后果。

第一,过度关注行为导致课程窄化。由于标准参照测验需要严格界定的学习结果,加上为了严格执行标准参照测验,学习结果只好更多地关注比较简单的知识与技能,课程遭到严重窄化。换句话说,学习结果越是精确地表述我们想要的东西,我们就越可能获得这种东西,但同时我们将失去更多东西。

第二,评价实践难以开展,为考而教成为必然。为避免标准参照测验窄化课程问题,波帕姆重新界定考试领域,引进复杂教育结果。但在标准参照测验下,界定复杂教育结果同样需要非常具体的细节说明。就拿一个简单内容为例,制作题目细则需要大量冗长描述。波帕姆曾以"确定文章主要意思"内容为例描述如何制订题目细则。从呈现长度来看,该主题题目细则覆盖近 3 页。[4] 实际上,考试说明如此冗长,以至于连专业命题者都不乐意接受它。这推动人们简化考试领域,把考试

---

[1] Goertz, M. E.. State educational standards: A 50 - state survey [M]. Princeton, N. J.: Educational Testing Service, 1986: 6.

[2] Linn, R. L.. Criterion-referenced measurement: A valuable perspective clouded by surplus meaning [J]. Educational Measurement: Issues and Practice, 1994,13(4): 12 - 14.

[3] Popham, W. J.. Domain specification strategies[C]. In R. A. Berk (Ed.), Criterion-referenced measurement: The state of the art. Baltimore and London: John Hopkins University Press, 1980: 15 - 31.

[4] Popham, W. J. Modern educational measurement: An practitioner's perspective (2nd ed.) [M]. New Jersey: Prentice-Hall, 1990: 214 - 216.

内容限制在很小范围内,但其负面效果令人担忧——教师将容易知道将会被评价的有限内容,在考试高风险驱动下,"为考而教"在所难免。

第三,定量的评价方法导致教师、学生无法参与评价。在标准参照测验下,评价结果往往需要严格的数学处理,评价方法大多局限于定量测量方法。[①] 如由于标准参照测验需要严格界定考试标准,划定分界分数需要复杂数学统计知识。受限于复杂数学统计知识的匮乏,教师无法开展等级评分等日常课堂评价,学生同样无法参与评价。此外,定量评价方法对于一些学科或部分学科内容是不适切的。例如评价艺术表演,只能依托评价者的直接判断。

显然,此时表现标准一方面被等同于考试前事先规定的评价结果与水平,而教师与学生并不能事先知道学习结果及其水平,缺乏明确的教学/学习目标,无法开展课堂评价。另一方面,受标准参照测验的影响,表现标准往往针对简单知识与技能。

第三节　概括化阶段

综上所述,要破除早期标准参照测验困境,需要进行两方面的工作:一方面需要事先规定学习结果及其水平,这些学习结果必须包括问题解决等"高阶知识与技能"。另一方面,为因应时代需求,在国家层面,教育系统需要规定这些"高阶知识与技能",并通过各门学科教育标准来实现。

一、对学习结果的再认识

20世纪80年代末,在评价领域,学者们重新界定了有价值的教育结果,例如"理解"、"高阶思维素养"。[②] 如林(R. L. Linn)认为应评价那些宽泛、含糊(fuzzy)但更有意义的成就,并把这样的学习结果与当时的表现性评价进行联系。表现性

① Rumtini, S.. Aligning instructional practices with content standards in junior secondary schools in Indonesia [M]. Provo, UT: Department of Educational Leadership and Foundations, Brigham Young University, 2010: 20 - 21.

② Linn, R. L.. Criterion-referenced measurement: A valuable perspective clouded by surplus meaning [J]. Educational Measurement: Issues and Practice, 1994,13(4): 12 - 14.

评价运动改变了标准参照测验的重心,使这样的观点被接受,即一些重要学习结果未必是简单、具体、特定的。或者说,学习结果总是相对复杂、抽象、宽泛的。

赛德勒则认为 criterion 代表事物的属性,是一种计量维度。但属性不能进行无穷分解,因为事物本身是个整体,各个部分之间相互联系,无穷分解得到的维度往往互为条件,是"你中有我,我中有你"的。标准参照测验的思想本质是对目标尽量进行行为化分解,以便描述出简单具体的 standard,但忘记了学习目标未必都是简单知识与技能。[①]

在博比特、查特斯、泰勒课程思想诞生后,规定的学习结果拥有"法定"地位,教育标准思想开始显现。在行为主义心理学和教育测量盛行的时代,使得课程评价大多关注外显的行为,对简单知识与技能的评价仍然大行其道。另一方面,泰勒课程目标虽与教育标准对应,但其目标(objective)本身含有客观化、行为化意涵,而认知主义与建构主义学习理论的兴起,使得人们认识到人类学习结果的复杂性,因此后来的课程政策文本中往往用 standard 来替换目标,而且强调教育标准具有泰勒课程目标并没有强调的东西——目标应该是高水平的。[②]

这并不意味着教育标准一定要制订那种宽泛的目标或结果。在教育标准发展史上,曾伴随着或者说前身有一个"亲戚"——基于结果的教育(Outcome-Based Education)。基于结果的教育由斯柏蒂(W. G. Spady)提出,主要是为了进一步改进布卢姆等的"掌握学习",认为教学应事先规定结果(outcome)。与泰勒时代流行的行为主义学习结果有所不同,他的结果是宽泛的,如成为"团队成员与参与者"、"问题发现者与解决者"、"倾听者与交流者",本质是强调跨学科素养或综合素养的培养。

基于结果的教育曾一度席卷美国许多州与地区,波及澳大利亚、南非等国,但后来遭受诸多批判与攻击。也许可以罗列许多理由来解释基于结果教育的式微,但其中两个观点很能说明原因。一是来自国家教育改革者曼诺(B. J. Manno)的解释:他(斯柏蒂)的结果太宽泛,并非价值无涉,而且如此含糊以至于无法测量学

---

① Sadler, D. R. The origins and functions of evaluative criteria [J]. Educational Theory, 1985, 35 (3),285 - 297.

② Lehmann, S. & Spring, E. High academic standards and school reform: Education leaders speak out. [R]. Palisades, NY: Governmenors' Commission Report for New Standards, 1996.

生是否掌握了它们。① 二是学者埃文斯和金(K. M. Evans & J. A. King)在综合各方研究后得出的结论：基于结果的教育缺乏研究基础，是未曾证明的事物。② 按照现代学习心理学的理论，基于结果的教育的结果乃是一般领域的程序性知识，它的养成需要具体领域的程序性知识来培养，也就是说学科教育是培养跨学科素养的基础。③

二、1988：教育标准的里程碑

教育标准正式提出大致可追溯至 1976 年。这一年，英国首相卡拉汉(J. Callaghan)在牛津大学拉斯金学院(The Ruskin College)发表了著名演讲——后世称之为"Ruskin Speech"，号召就课程、评价标准、教师培训、教育与工作的关系共四个议题展开全国辩论。该演讲引起英国上下长达十几年的教育问题大辩论，为随后全国统一课程的实施拉开序幕。在某种程度上可以认为，1988 年出台的国家课程是这场辩论的一个结果。

按字面理解，英国的国家课程命名为课程，但本质是国家统一的教育标准。众所周知，英国是个教育分权的国家，怎么会出现这种带有国家集权管理色彩的标准？事实上，国家课程是各种力量角逐的产物，虽涉及诸多方面，但有个原因非常突出：英国 1988 年之前，课程一向是教师自主的"秘密园地"；由于各校自主，所以即使 16 岁之前为义务教育阶段，国家也未曾制订任何教育标准。1980 年代是英国朝野对学生成就水平下降问题最具危机感的年代，有个事件很能说明英国朝野对高水平教育质量的渴求。1987 年，教育高级官员贝克(K. Baker)宣布他打算采用国家课程，并为此提出七条支持国家课程的理由。这七条理由为：

> 所有的儿童都应被视为有权学习一种有价值的课程；对义务学校教育的目的和目标应尽可能有一种共识；强调在国家基础上的教育机会均等，以减少各地在教育质量上的差异；共同的学校应通过"共同的课程"传播一种"共同的

① Manno, B. J.. Outcome-based education: Has it become more affliction than cure? [M]. Minneapolis, MN: Center for the American Experiment, 1994: 20.

② Evans, K. M. & King, J. A.. Research on OBE: What we know and don't know [J]. Educational Leadership, 1994, 51(6), 12-17.

③ 吴庆麟. 认知心理学[M]. 上海：上海科技出版社, 2000: 206.

文化";所有的学校依据"共同的标准"是十分重要的,它可确保教师的期望值处在合理的水平;国家课程会便于学生在地区之间的流动;最后,国家课程会加强学校与教师的教学效能。

面对贝克的建议与理由,尽管人们党派立场和利益不同,对实施细节也深表疑虑,但大多数人在原则上还是支持国家课程的想法。①

国家课程主体包括两大部分。一是教学方案,即规定各个年级学科教师该教什么、学生要学什么;二是各个关键期的成就目标,规定学生要学到什么程度。教学方案实质是内容标准,成就目标实质是表现标准,它们更多地是指向概括化的学科学习目标,不再是仅仅指向简单的学科知识与技能。② 跨年连续设置的成就目标体现了国家课程评价系统的一个重大理念——教育和个别儿童的学习进展有关,只有透过一个跨年龄而且是标准参照的评价系统才能充分地概念化学生在学习过程上的进展。③ 国家课程在教育标准发展历史上具有举足轻重的影响,因为它开始从教育结果的角度来研制教育标准,即从"教育输入"转向"教育输出"。

值得一提的是,英国的表现标准代表一大类型,它不仅指向某些特定年级或学段,更强调各领域学习的顺序和阶段性,而另一大表现标准类型是以美国大多数州为代表,针对的是某些特定年级,将学生表现分成几个表现等级。为便于叙述,本研究将前者称之为纵向上的表现标准,将后者称之为横向上的表现标准。

考察各国对教育标准的定位,不难发现表现标准被定位于学习结果,被作为素养来对待。如英国国家课程把各种水平的描述视为表现分类(sort of performance),并认为它就是一种素养(competence);在葡萄牙教育标准中,科学教育标准被等同于知识(substantive, procedural or methodological, epistemological knowledge)、推理(reasoning)、交流与态度(communication and attitudes),并把它置

① [英]D·劳顿. 1988 年以来的英国"国家课程"[J]. 华东师范大学学报(教育科学版),1996(4):49—56.

② Oelkers, J. & Reusser, K. Developing quality-safeguarding standards-handling differentiation [R]. Bonn: Federal Ministry of Education and Research (BMBF), 2008: 184.

③ Mcpherson, A.. National testing in Scottish primary school [C]. In P. Broadfoot, B. Dockrell, C. Gipps, etc. (Eds.), Policy issues in national assessment. Avon: Multilingual Matters Ltd, 1993: 43 - 57.

于培养一个人的角度来定位。[①]

看来关于表现标准的素养定位应无异议,即便从词源看,表现标准中的"performance"就包含着一种"表现"、"业绩"、"行动"的意涵。在心理学上,1956年布卢姆提出的教育目标分类就已经隐藏着素养取向。[②]

三、教育标准的普及时期

在1990年代,许多国家都发展了教育标准,除英国外,还包括美国、加拿大、法国、瑞典、荷兰、苏格兰、新加坡、澳大利亚等国家。截至今日,这些国家进一步完善着原有教育标准,与此同时更多国家加入了研制教育标准的队伍。但这些教育标准都离不开一个关键时间节点——1989年。就在该年,老布什总统宣布了六项美国国家教育目标,从此正式拉开了美国教育标准研制序幕。考虑到当今教育标准的发展,很大程度归功于美国教育标准化思想的影响[③],下文将主要聚焦于美国教育标准的发展。

与英国研制国家课程目标的关键目的一样——加强、统一学术要求,提高学生学业水平、提升国家竞争力,美国研制教育标准的一个主要目的也在于此。1989年六大教育目标已基本定调好学术要求,其第三、四项目标更与学生学业成就直接关联,即希望在2000年前,美国学生能在数学、科学等科目上的学术表现超越世界主要国家,能学会思考,成为胜任将来就业、具备终身学习意识、有责任心的公民。[④] 宣布国家教育目标后,历经各届政府的支持,一连串教育改革政策相继出台,以检视国家目标达成的程度。历届政府普遍体认到学术学习成效的重要性,希望能了解学生在学校究竟该学什么、如何评价学生的学习结果、如何确认学生学得所需知识。在这些问题充满未知的情况下,政府提出研制国家教育标准的需求,希

---

① Waddington, D. J. & Nentwig, P. Standards: An international comparison [C]. In D. J. Waddington, P. Nentwig, & S. Schanze (Eds.), Make it comparable: Standards in science education. New York, NY: Waxmman, 2007: 382.

② The Academy of Dental Therapeutics and Stomatology. Educational Goals and Objectives [DB/OL]. (2012-10-10). http://www.ineedce.com/courses/1561/PDF/.

③ 林劭仁. 教育评鉴——标准的发展与探索[M]. 台北: 心理出版社,2008: 48.

④ Marzano, R. J. & Kendall, J. S.. A comprehensive guide to designing standards-based districts, schools, and classroom [M]. Virginia: Association for Supervision and Curriculum Development, 1996: 2.

望以此作为评价学生学习的依据。于是,建构国家教育标准成为具体的实践方针,在 1990 年代成为国家教育的主流价值,教育标准几乎等同于国家教育目标的代名词。

一般认为,教育报告《国家在危机之中》是美国发起研制教育标准系列运动的导火线,研制教育标准是个多因素构成的复杂过程。在这复杂过程中,有两个关键问题值得回顾:第一,教育标准以什么方式制订,是否包含内容标准与表现标准? 第二,如何督促不同层面教育标准研制,特别是表现标准研制? 下文就这两个问题分而叙之。

发展教育标准主要以两种方式进行,一是政府鼓励发展自发性的教育标准,二是政府将自发性教育标准赋予法令的保障。许多自发性教育标准由民间机构或研究机构开发,尤其以全美数学教师理事会(National Council of Teachers of Mathematics, NCTM)的《美国学校数学教育的原则和标准》(1989)最有影响力,它受到学校、学区、教师的高度认可。NCTM 首次提出数学学科素养的思想,界定了表征、联接、交流、推理与论证、问题解决共 5 项数学素养,并确定了数字与运算,模式、函数与代数,几何与空间定向,测量,数据分析共 5 项数学主题。① 该标准以培养数学素养为取向,运用由学科素养与学科主题构成的数学素养模型来研制教育标准,日后成为研制教育标准的范例,成为教育标准研制方式改变的分水岭。

此后,美国教育部以 NCTM 数学教育标准引导许多学者与教师透过此自发性模式,逐渐建构出其他科目的国家教育标准,如美国科学促进会(American Association for the Advancement of Science, AAAS)的《面向全体美国人的科学》(1989);全国教育与经济研究中心(National Center on Education and the Economy, NCEE)、学习研究与发展中心(the Learning Research and Development Center, LRDC)合作研制的英语、数学、科学、应用学习四门学科表现标准(1995)。

促进教育标准研制的另一方式是,为自发性的教育标准赋予法令的保障。克林顿(B. Clinton)政府时代是最积极研发教育标准的时代。包括 1991 年成立的国家教育标准与测验委员会(National Council on Education Standards and Testing, NCEST),以及后来成立的国家教育标准与改进委员会(National Education Standards and Improvement Council, NESIC),都是政府通过立法成立的官方机构,

① [美]全美数学教师理事会.美国学校数学教育的原则和标准[M].蔡金华,等,译.北京:人民教育出版社,2004:10.

专门主导国家教育标准的发展。

这些教育标准有的是内容标准性质,有的是既包含内容标准,又包含表现标准。实际上,正式出现或者说法律上最早出现的现代意义上表现标准的提法,是在 1993 年国家评价管理理事会(National Assessment Governing Board, NAGB)的马尔科姆(C. Malcom)报告中,它同时对内容标准与表现标准做出相关说明①:

> 内容标准:表达学生应知与所能。内容标准显示学生必须掌握的知识与技能,如思维方式、沟通素养、推理与调查、问题解决,以及对于学科来说最重要的永久性概念与本质思想。
>
> 表现标准:说明学生对于掌握内容标准的程度,即足够好到底是多好。它用于评价管理,是表明学生掌握内容标准的证据所在,是学生学业成就质量的指标以及可接受水平。

教育标准内在地包含内容标准与表现标准,这种思想可见于一次关于教育标准的采访。1996 年,时任美国大学委员会主席斯图沃特(D. Stewart)、联邦教育部秘书和教育政策发言人芬因(C. Finn)接受采访,当被问到为什么需要标准时,斯图沃特明确地指出:"教育标准是必不可少的,因为我们需要回答有什么东西来表明我们做得更好(Are we better in terms of somethings?)"芬因则补充了一句:"只有当我们明确好到什么程度才是好(How good is good enough?),教育标准才有意义。"②前者反映内容标准,后者更是直接指向表现标准。

在自发性研制与政府引导的两大方式支持下,各州开始研发学科教育标准,但实际情况并不理想。1996 年召开第二届教育高峰会时,只有 14 个州制订了学科表现标准或类似标准。至 1999 年,有 48 个州为所有中小学建立学科内容标准,但内容标准还存在诸多问题。美国教师联合会(American Federation of Teachers, AFT)的调查发现,许多州的内容标准过于肤浅、宽泛,不能说明学生所

---

① National Education Goals Panel. Promises to keep: Creating high standards for American students [R]. Washington, D. C. , 1993.

② Solomon, P. G. . The curriculum bridge: From standards to actual classroom practice(2nd ed.) [M]. Thousand Oaks, CA: Corwin Press, 2003: 3.

需的核心知识与技能。① 另一方面,面对社会各界对公立学校教育质量的种种责难,联邦政府承诺对公立教育进行系统改革,同意建立州一级的内容标准、表现标准。只是美国是个教育分权国家,研制教育标准是各州的自愿选择。因此,联邦政府希望以立法形式来督促州级教育标准的开发。截至今天,美国50个州和2个地区几乎都研制了各自的内容标准与表现标准,这不得不归功于政府的决心与行动。

　　例如,Title I 明确规定,各州须订定学科内容标准,详列所有学生必须具备的知识与技能,制订表现标准并建立"高级"、"熟练"、"基础"三种成就水平。为了评估学生是否达到所订的成就水平,各州必须使用根据内容标准建立的表现标准。新法规定,州订定达成标准的程度,地方学区、学校则负起改善学生成绩的责任、实施所需的补救措施,获致成功的奖励包括表扬绩优学校及绩优教育人员。而《改革美国学校法》和《目标两千年教育法》除了要求制订内容标准,还都传达了一个基本思想,即通过立法形式资助和鼓励各州建立自己的学业成就标准或表现标准,用以衡量学生学习进步情况。表现标准要在内容标准的基础上进行开发,而且还要与内容标准相一致。② Title I 是表现标准获得真正合法性的法案。在法案驱动下,一些州开始真正重视起表现标准。

　　《学童教育卓越法》则专门开辟一章规定教育问责,即第十一章的教育问责法案(Education Accountability Act),规定了一套适用于获得中小学教育补助款的问责措施,强化学区及学校的绩效责任——鼓励各州开发一套严格的问责措施,以此要求所有学校对学生的学习成果负责。

　　从那以后,几乎每一个州都制订了表现标准,其中40多个州建立了评价体系,检测学生是否达到为他们设置的目标。对那些考试失败的学生及他们所在的学校,各州都采取了一些措施,这些措施包括:年级考试失败的学生将不能自动升级;毕业考试失败的学生将不能获得毕业证书;依据学生的学习成绩对学校进行排名;把学生的学习成绩与教师业绩挂钩;向社会公布学生"成绩报告卡"等。尽管这样的措施遭到一些反弹,并引起1999年第三次教育高峰会的关注,但建立严格学术标准和评价体系毕竟是大势所趋,难以逆转了。

---

① 赵中建. 美国基础教育课程改革的动向与启示[J]. 全球教育展望,2001(4): 17—24.
② Lewis, A. C.. An overview of the standards movement [J]. Phi Delta Kappan, 1995, 76(10),744-750.

第四节 表现标准的界定

历史发展未必是线性的,有时充满断裂,有时甚至峰回路转。上文以教育标准为引子,仅大致勾勒了表现标准的发展过程。综观表现标准的发展过程,当中涉及众多因素,发展过程亦复杂多变,但我们还是可以从中总结出一些规律,获得一些基本判断。

一、定义演进

表现标准的历史告诉我们,表现标准指向的学习内容是从某个学习主题向某个学习领域或学科演进的。在其发展早期,作为一种学习要求,它主要来自民间组织或学术机构的规定。随着国家的介入,这些学习要求逐渐上升为国家对学业质量的期望,国家开始规划课程设置。换言之,从表现期望角度出发,这种规范性标准(normative standard)是国家对自身基础教育系统的应然思考。如德国国家教育标准研制者(2003)认为,表现标准是种教育输出,是国家对教育质量的规定。[1] 规范性标准是种理想标准(ideal standard),也称典型标准(typical standard),它规定了特定年级或年段学生学习结果应该达到的学习水平,是在对学生认知发展水平、理想教育环境和方法的综合理解基础上对学习水平的界定和描述。[2] 由于当前分科设置是课程设置的主要形式,它们也是培养学生综合素养的载体,这些规范性标准默认的指向自然包括学科课程的规范要求。

这种规范要求总体上经历了经验化、具体化、概括化三个发展阶段。在早期,由于课程未曾独立,无论内容标准还是表现标准大多基于经验判断,并无明文规定。近代以来,课程慢慢成熟后,内容标准逐渐完善,但由于受时代影响,内容标准往往被局限于相对简单的知识技能,而表现标准通常从测量角度来理解,被认为是种测试分数或分数对应的要求。至现代,随着课程视野的拓宽,教育标准开始走向

① Eckhard, K., Hermann, A., Werner, B., et al.. The development of national educational standards: An expertise [R]. Bonn: Federal Minister of Education and Research (BMBF), 2004: 15–30.
② 杨向东.基础教育学业质量标准研制[J].全球教育展望,2012(5):32—41.

素养本位,强调结果与表现。表现标准被视为素养的体现。如美国国家教育进展评估(National Assessment of Educational Progress, NAEP)曾被建议,除基本知识、技能、概念外,学科评价更应关注那些持久性的更高阶技能。[1] 韩思哲认为,表现标准应聚焦于不断发展的知识与复杂的技能。[2] 这里的高阶或复杂技能实质指向学科素养。可见,现代意义上的表现标准已超越狭窄学科知识技能取向,它指向学科素养。

表现标准作为一种规范要求,从表现标准服务的对象看,存在两大取向:一是课程与教学取向,即对课程与教学工作者来说,表现标准通常描述在某项内容标准或一组内容标准上达到规定的熟练水平的应知与应能。二是心理测量取向,即对测验开发者与心理测量专家来说,表现标准经常是指区分不同成就水平的分界分数。[3]

例如美国新标准(New Standards)是典型的课程与教学取向的表现标准,其界定为:表现标准=表现水平(包括层级、名称、描述语)+表现样例。[4] 在性质上,该表现标准的表现描述叙写其实与内容标准叙写或传统教学目标叙写差不多,但与内容标准不同的是,它指出了学生应该展现的表现水平。具体说来,针对表现描述,提供的作品样本及评语赋予表现描述以具体意义,展示"足够好"到底应具备什么样表现,从而帮助教师、学生、家长了解教学与学习目标。心理测量取向的表现标准的操作性定义就是各表现水平的分界分数,即标准指出了最低可接受表现水平(minimally-acceptable performance level)的分数,分界分数是透过标准设定(standard setting)而得,目前已经发展出若干标准设定方法。

在课堂层面,表现标准为学习、教学与评价提供依据。在外部大规模考试层面,表现标准是考试结果报告和教育进展监控的架构,也是绩效责任评估的依据。就当前各国发动基于标准的教育运动的目的来看,研制标准的一个重要目的是开

① Alexander, L., James, H. T., & Glaser, R.. The nation's report card: Improving the assessment of student achievement. Report of the Study Group. With a review of the Report by a Committee of the National Academy of Education[J]. ERIC, 1987: 82.

② Hansche, L. N. Handbook for the development of performance standards: Meeting the requirement of Title I [R]. Washington, D. C.: Council of Chief State School Officers, 1998: 16.

③ 卢雪梅. 从技术层面谈九年一贯课程能力指标建构:美国学习标准建构的启示[J]. 教育研究咨询, 2004(2): 3—34.

④ [美]美国国家教育与经济中心,匹兹堡大学. 美国高中学科素养表现标准[M]. 上海市教育科学研究院,组译. 北京:人民教育出版社,2004: 4.

展基于标准的评价,而课堂评价是基于标准评价的主阵地,服务于课程与教学自然是表现标准的主要意涵,而分界分数只是这种规范化学习结果的数学操作形式。因此,表现标准面向课程与教学,是学生必须达到的学习水平或要求。

综观当代各国教育改革与教育系统,表现标准处于战略位置,表现标准被作为学科素养的表达、作为内容标准对应的概念被加以定位,主要指向学科课程与教学。

二、概念界定

鉴于表现标准术语的混乱和内涵的差异,也为了便于理解这些术语之间内在的逻辑,笔者尝试用下图来描绘表述学业表现要求与程度的各类方式之关系。

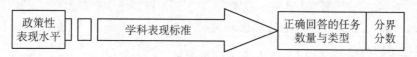

图 2-4　表述学生表现程度的连续体

政策性表现水平:各国大多规定出相关表现水平,如 NAEP 表现水平包括"高级"、"熟练"、"基础"三种水平,不同等级附有相关说明,适用于所有学科。

学科表现标准:对于具体学科领域,在特定年级/年段学科内容标准上,描述出学生必须表现出的学习水平。在组成要素和呈现方式上,不同国家和地区并不一致。

正确回答的任务数量与类型:对于单个特定学科内容主题/知识点,学生表现通过完成任务/题目体现出来。对于多个内容主题/知识点,往往用多个任务/题目来测试。正确回答的任务数量与类型也意味着一种表现要求。

分界分数:在大规模测试结束后用不同分数来区分不同学生群体的表现水平,如用 600 分代表 8 年级阅读"熟练"水平。

上图表明,表述表现要求与程度两种取向中,课程与教学取向反映了学生应该达到的水平(should do),心理测量取向反映的是学生实际表现出的水平(can do)。前者关于表现要求与程度的规定是编制试题、设置分界分数的依据,它真正地对学生学习提出要求,学科表现标准就是如此。后者的分界分数虽然能与由它开发出的表现要求与程度保持一致,但这种表现要求与程度不能为之后的分界分数提供指导,只是一种考试后的决策,而且一旦试题发生变化,表现要求与程度必须不断更新,缺乏标准应具有的稳定性。① 之所以排除分界分数为表现标准的另一个理由是为了澄清当前对于表现标准的一种误解,即把基于标准报告中的分界分数作为"表现标准",此处的"表现标准"体现为考试结束后弱问责,是表现标准的操作形式,并不是规范的学习结果。关于分界分数与表现水平的关系可用下图来描述。从图中可看出,分界分数是分数标尺上某个点,此处表现水平对应于学生表现连续体上的某种可接受表现,本质上该分界分数是该表现水平的操作形式,乃事后决策行为。②

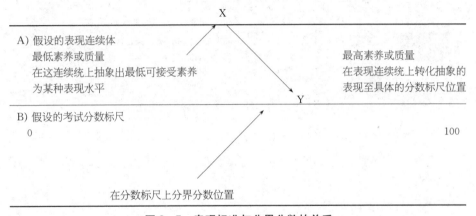

图 2-5 表现标准与分界分数的关系

例如,NAEP 在 1991 年就用 208、238、268 三种分界分数来描述基础(Basic)、熟练(Proficient)、高级(Advanced)三种学生阅读水平。③

原则上,先是规定政策性表现水平,然后把它转化为各学科的表现标准,接着转化为在大规模考试中学生需要正确回答的任务数量与类型,最后用分界分数来区分不同学生表现水平。如果大规模考试命题是基于内容标准与表现标准,那么评价任务与分界分数应与它们保持一致。本研究主要针对课程与教学取向表现标准,它也是现代意义上的表现标准。

① Bourque, M. L. Setting student performance standards: The role of achievement level descriptions in the standard setting[R]. New Orleans, LA, 2007.
② Kane, M. Validating the performance standards associated with passing scores [J]. Review of Education Research, 1994, 64(3): 425-461.
③ National Assessment Governing Board. Reading framework for the 2007 National Assessment of Educational Progress [R]. Washington, D. C., 2007.

	280	286	Compare story characters using text details
Advanced		280	Use text description and prior knowledge to support opinion
268	270	274	Explain purpose of direct quotations
		273	*Identify author's illustration of theme through story action*
	260	264	Use text evidence to evaluate title
		263	Use different parts of text to provide supporting examples
		259	Explain author's statement with text information
	250	257	*Infer character motivation from story setting*
		255	Evaluate author's presentation of information
		246	*Identify main theme of story*
Proficient	240	240	Explain character's motivation
238		240	*Identify author's use of specific details*
	230	231	Use prior knowledge to make text-related comparison
		230	Compare text ideas using specific information
	220	225	*Recognize meaning of specialized vocabulary from context*
		224	*Identify main topic of article*
Basic	210	218	Locate and provide explicitly stated information
208		212	*Recognize a description of character's motivation*
		210	*Recognize accurate description of character's feelings*
	200	206	*Identify defining character trait*
		200	*Recognize explicitly stated information*

图 2-6　NAEP 的报告形式举例(阅读)

综上所述,本研究尝试给表现标准做出如下界定:以课程与教学为取向,指向学科素养要求,描述学生掌握内容标准程度与证据的规范化学习结果。

三、内涵解析

上文定义表明,表现标准包括三个基本内涵,下文依次加以解析。

(一)表现标准是描述学科素养要求的规范化学习结果

标准本身就是一种规范,表现标准亦不例外,一般制订后将保留一段较长时间以确保其稳定性。在教育管理从教育输入走向教育输出的背景下,表现标准首先规定了学生必须达到的学习水平,是对学习结果的描述。作为规范性学习结果,表现标准带有理想化色彩,未必与学生实际表现完全吻合,但并不是说,表现标准可以完全无视实际情况,研制表现标准通常需要结合相关学科研究成果与实践经验。

与传统学习结果有所差异,这种学习结果乃关注于素养。由于素养总是依托一定课程而达致,因此学科素养是表现标准指向的主体,学科素养是知识、技能、情意的综合体。目前许多表现标准大多呈现出知识与技能,但并不是说非此即彼地排斥情感与态度。培养学科素养不仅是培养学生素养的基础,也与当前以学科为主的课程设计相吻合。各种学科素养之间达成协作,形成学生的综合素养,它是教育目标的指向。

(二) 表现标准是描述学生掌握内容标准的程度与证据

历史上,内容标准主要指学科知识体系为基础的各学段教学内容的规定与阐述,回答什么是"学生应知与所能",但内容标准仅规定学生要学什么,并无规定学到什么程度,对教学、评价难以产生很大的驱动力,因此需要表现标准做出相应的规定,以便明晰学生到底该表现出何种理想水平。

表现标准乃是学生掌握内容标准的证据并描述出了掌握的程度,而这种证据和程度体现在学生的表现上,往往用表现描述与表现样例来表示。由于表现标准规定学习水平,学生、教师能从评价中获得有关更具体学习信息,教学和评价更具驱动力,这很好地弥补了内容标准的缺陷。在很大程度上表现标准是为了保证内容标准得到执行和落实而建构的,它对表现和结果的规定必然影响内容标准的执行和落实。

表现标准与内容标准间的这种关系也体现在它们各自的表现形式上。内容标准陈述中一般包含两个基本内容:一是陈述学生要知道的内容,二是陈述学生应学会做的事情。第二种陈述包含了某种表现指标(performance indicator)成分,只是没有描述出具体的水平要求。从实际情况看,表现指标有时因为比较具体,美国个别州干脆就把它作为可接受的表现水平。为了区分这种重叠,表现标准除了表现指标通常还包括相应的表现样例,而且呈现出几种表现水平。[①] 正是由于表现标准与内容标准这种"焦不离孟,孟不离焦"的关系,各国、地区的表现标准与内容标准总是联袂呈现。

(三) 表现标准乃定位于课程与教学取向

在心理测量取向和课程与教学取向的表现标准中,后者是现代意义上的表现标准。在课程与教学取向下,表现标准服务于教育实践,其中评价是一个重要的应用领域,课堂评价则是实施评价的主阵地。这是基于一个基本理念——既然为考而教难以避免,那么不妨用设计良好的评价来引领教学,而表现标准是开展课堂评

---

① Solomon, P. G.. The curriculum bridge: From standards to actual classroom practice(2nd ed.) [M]. Thousand Oaks, CA: Corwin Press, 2003: 88.

价的重要基础。然而,若要使课堂评价发挥作用,至少需要回答三大问题。一是评价有效度吗? 二是评价有信度吗? 三是评价能被推广吗? 历史上人们曾无数次尝试回答这三个问题。

在这些努力中,首当其冲的是标准参照测验。标准参照测验能为教师、学生、家长描述明确的学习目标,从而更好地通过这些目标确定评价后所暴露的学习问题。但是,标准参照测验的目标往往过于简单、具体,会导致课程内容窄化等众多问题。或许可以引入更宽泛的评价目标①,从而为评价的效度提供保障。只是宽泛描述往往更需要教师的判断,评价可能丧失信度,因为不同使用者将产生不同理解。②

培训教师是提高评价信度的常见办法。包括澳大利亚、英格兰和威尔士等许多国家与地区流行如下做法:教师接到学生作业做出评分,然后依据专家的反馈修改评分结果。经过几轮循环,直到教师的评分工作被专家认为已经达到了要求为止。通过培训,教师能正确把握评价内容的重要特征,教师之间形成对评价内容特征的一致认同。这种评价并没有事先描述出学习结果,而更多关注教师评价是否能达成共识。其依据在于,评价本身是种主观行为,评价者之间如果共享评价对象的建构特征,那些隐藏于评价者思维之中的标准就会产生一致的评价结果。但这种评价受到两点质疑。其一,它假设任务本质、评分规则、评价说明等影响信度的因素被排除在外,这显然与实际不符合。其二,它假设评价者与被评价者行为或作品之间没有交互关系。这同样有点武断,即便在一些书面评价中(如作文),评价者也可能受到性别笔迹的暗示而给出不同评价结果,那么在评价学生的音乐或舞蹈表现时评价信度更容易受到影响。

如果评价者是专业权威人士,那么公众能更好认可评价结果,上述评价信度问题将能得到有效消解。具体地说,专业权威人士开展评价必须达成如下要求:评价人员的专业素养受到团体内部和外部认可;评价实践以严格的专业知识为基础,而这些知识至少部分被评价者习得;不同作品的比较依赖于作品本身的质量,而不是依赖于学生或外在的标准和规范;评价目的在评价团体内外达成一致;评价者的专业素养和权威性要经过不同时间和场所的考验;判断结果需受到认可,新的评价

① Popham, W. J.. The stultifying effects of criterion-referenced hyperspecification: A postcursive quality control remedy [R]. Los Angeles, CA: University of California Los Angeles, 1994.

② Wiliam, D.. Construct-referenced assessment of authentic tasks: Alternatives to norms and criteria [R]. Athens, Greece, 1997.

者一旦受到认可就可成为团体一员。[①] 在技术层面,这种评价可先判断评价者内部分数一致程度,然后判断评价者之间评分结果的一致程度,从而较好地确保评分者内部与间际信度。

专业权威人士确实可提高信度,只是其要求太高,很难推广至广大中小学课堂,因为普通教师未必如他们一样具备极高专业素养。表现标准恰好是解决上述问题的一个外在基础。首先它借鉴并扩大标准参照测验思想,评价目标不仅包括简单知识与技能,更是指向复杂、抽象的素养,从而消除评价目标窄化问题。其次,它透过表现水平、表现样例为广大教师提供共同清晰的目标。最后,结合教师培训等手段,基于表现标准的评价能为提高评价信度提供可能。[②]

回顾本章内容,我们从历史视角界定了表现标准,但并没有回答何谓学科素养。要深入理解表现标准,还需要进一步探讨学科素养的内涵,这个任务留待第三章回答。

① Robbins, J. H.. Applications of process control for the maintenance of standards and the quality assurance of results in a connoisseurship model of assessment [R]. Baku, 2007.

② Sadler, D. R.. The origins and functions of evaluative criteria [J]. Educational Theory, 1985, 35 (3),285 - 297.

第三章　表现标准的当代知识基础：学科素养

　　素养是当代教育中的热词，许多国家与地区的教育标准无不以素养导向为核心。具体落实到一门学科，教育标准大多以培养学科素养为主方向。因此，要理解表现标准，首先要理解什么是学科素养。在此基础上，我们还需要回答两个问题，即学科素养模型如何得以表征与验证、学科素养模型与表现标准研制如何关联。以上三个问题构成本章论述重点，它们的呈现次序也是本章的写作思路。

第一节　学科素养解读

　　要理解学科素养，必须先理解教育领域的素养内涵，探讨素养内涵是探讨学科素养的前提。本节将先从素养内涵谈起，进而明晰学科素养的内涵。

一、素养与相关用语辨析

　　在中文词汇中，素养、才能、本领、技能是同义词。英文中亦有类似现象，表示素养的相关词语有 competence、ability、skill、capability。为明晰素养内涵，极有必要厘清上述词语内涵。

　　competence 的拉丁字根包含认知与态度，其内涵泛指表现出来的、能够有效解决问题的素养。在应用上，competence 可用于比较抽象的基本素养或核心素养。在学科领域，由于各国或地区相关用词差异较大，本研究统一用学科素养来命名。另外，目前我国大陆与台湾地区开始用核心素养称呼 key competencies

或通用本领/公民素养（general capabilities）①，就此本研究统一用核心素养来命名。

　　capability 一词内涵指处理某件具体事情的本领。在抽象程度上，capability 比 competence 具体，但有时因文化传统或国情差别，难免出现特例。如澳大利亚国家教育标准（2008）中的 general capabilities 就比较抽象，指向来自不同学习领域习得的统整性学习结果。②

　　skill 是指从操作性动作中显示出的技巧或技术，可翻译为技能，它与知识、情意构成了素养 competence。在中文语境下，技能即程序性知识，包括动作技能与思维操作技能。

　　ability 是指个体内在拥有的，但还未经实践证明的实力，对应于中文为才能。在古德(C. V. Good)撰写的教育字典中，ability 是个体可能胜任被赋予的任务，属于个人具有的内在潜质，但不等同于有效处理事物的行为表现。③

　　由上述语义分析可知，素养相关用词在概念上具有层次性的差异，必须加以区别以免造成混淆。以层次而言，competence 可用以指示国家教育政策或学科中的基本素养，属于比较抽象的素养概念。capability 可用以指示处理某项特定、具体事务的素养概念。skill 一词是指素养表现中的一种构成要件，至于 ability 则是指个体内在的潜质，是个体可以有效解决问题或完成任务的内在条件。

二、教育领域的素养概念

（一）素养概念的变迁

　　素养概念随时代变迁，在其发展早期具有强烈的行为主义色彩。在行为主义影响下，课程标准往往把素养分解为系列行为。至 20 世纪 80 年代，行为主义的素养概念逐渐被认知主义的素养概念全面取代。在认知主义视角下，素养

---

① 蔡清田. 课程改革中的"素养"（competence）与"知能"（literacy）之差异[J]. 教育研究月刊，2011(3)：84—96.

② ACARA. Australian Curriculum [EB/OL]. (2012 - 05 - 11). http://www.acara.edu.au/home_page.html.

③ Good, C. V. Dictionary of education：Prepared under the auspices of Phi Delta Kappa [Z]. New York, NY：McGraw-Hill, 1959.

被认为是个体在情境中对自身知识、技能、态度等的运用。① 此时,情境对于素养的作用开始受到关注。在八十年代后期,随着社会职业竞争的加剧,素养开始被认为需要顺应职场情景的变化,素养被认为不仅仅是知识本身,更是一种做事的表现。

素养概念的变化可通过三种素养定义取向得以验证。这三种素养定义取向分别是三知取向、认知取向、综合取向。三知取向是最普遍的定义取向,主要包括三类要素,即知识(知道什么)、技能(知道如何)、行为与态度(知道为什么),这三类要素是个体有效行动的潜在特质。认知取向则强调个体解决问题的主动性,看重个体的知识,包括陈述性知识、程序性知识、个体的情意特质。综合取向认为素养是外显、持续发展的,是个体适当运用、组织资源的表征。② 近年来,综合取向越来越受到提倡,素养定义从内在特质逐渐走向外显特质,情境在素养中的地位益发重要。

上述三种取向表明,素养包含个体必要的知识、技能、情意因素,这是素养的必要构成。这种观点得到相关学者的支持,如钟启泉从学力的角度来剖析素养,认为学力是素养发展的核心部分或基础部分,包含了基础知识、基本技能,也包含了情感、态度、价值观等人格要素。③ 素养取向的走向也表明,这些个体内在特质需要结合具体情境,通过解决问题才能表现为素养。这种走向得到冯忠良的回应。他认为,素养是种类化经验,可以迁移至其他情境,素养在原则上属于经验范畴,体现在解决问题的过程之中。④ 两位学者都进一步指出,素养应是学校教育的结果,要澄清素养,必须避免把素养与生理因素、先天因素相混同。

(二) 素养概念的观点

尽管素养概念非常复杂,但教育学者仍然努力加以阐释。在众多观点中,素养的层级观与要素观甚为经典。素养层级观中,乔纳尔特(P. Jonnaert)的层级框架最为典范。乔纳尔特认为,素养是指一个主体为了有效处理情境问题,通过行动来选

① Weinert, F. E.. Concepts of competence [DB/OL]. (2012 - 02 - 18). http://www. statistik. admin. ch/stat_ch/ber15/deseco/weinert_report. pdf.
② 许彩禅. 能力概念分析与建构及对台湾中小学教育的启示[J]. 国民教育研究学报,2009(22): 159—180.
③ 钟启泉. 从日本的"学力"概念看我国学力研究的课题[J]. 教育发展研究,2009(15—16): 1—5.
④ 冯忠良. 能力的类化经验说[J]. 北京师范大学学报(社会科学版),1986(1): 27—34.

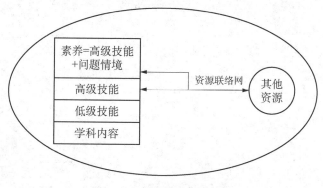

图 3-1 层级素养概念结构

择和协调一系列资源。为了使素养概念更明晰,他提供了一个层级素养框架,如图
3-1。[1]

素养层级概念结构定位于实际素养,包括学科内容、低级技能、高级技能、学科
素养,情境在四层级中参与的程度体现为从无到有的变化,真实性逐渐加强。

第一层的学科内容是客观而独立的学习材料内容,与情境无关,如科学领域的
速度、加速度。这些学科内容一般与行为动词结合,进而构成了第二层要素技能的
描述方式,如背诵或理解加速度的定义、安装电灯等。技能大多表现为外在相对简
单的操作,指向特定的某种行为,这还不能迁移到其他情境。

第二层的低级技能与第三层高级技能定位于实际素养中的认知资源层次,指
个体执行某个动作时需要相关认知要件的支持。如学生正确背诵九九乘法表是一
种技能。技能属于特定学科的素养,高级技能则内化了低级技能,可用来解决一类
问题或任务。如利用乘法计算已知长与宽的图形面积、已知平均人数与组数的小
组总人数。可见,高级技能是解决一类问题或任务,是以低级技能为基础,具有稳
定的认知结构,且可进行迁移。但由于它没有经过实践,因此它是否能解决具体情
境下的任务,还有待证明。

第四层的素养包含情境要素,是在情境中实践的真实素养。它与高级技能的
区别在于,高级技能是尚未实践且通用于不同非真实情境的,而素养是在不同情境
下运用一种或多种高级技能。不同情境下运用高级技能意味着,个体要充分调动
各种资源(包括不同情境下外在资源和个体自身内在资源),将外在资源与内在资

① Jonnaert, P.. Competences and socio-constructivism: A theoretical framework [M]. Bruxelles: De Boeck, 2009: 3-20.

源建立成一个资源网来处理具体情境问题。而建立资源网需要依据每个情境的特性,如条件限制、可用资源等。

对于素养层级观,如果用陈述性知识与程序性知识来衡量,学科内容大致对应于前者,技能对应于后者,而素养则是在具体情境中主体应用两者以及外界资源来完成情境性任务的胜任力。

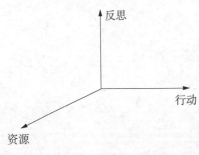

图3-2　素养要素观的构成

素养要素观则以博特夫(L. Boterf)的观点最为经典。他认为素养由行动、资源、反思三个层面构成,三者构成了一个三维空间。其中,行动是指个体面对情境时采取的行为,资源则包括个体内在的和外在的资源,内在资源指向认知的(知识、技能、情意等)、心理的、情绪的、文化的、价值的层面,外在的资源包括数据库、专家、文献等。反思是个体的元认知,亦即其对本身的行动和使用的资源之反省。当个体具备这三个向度时,即可对情境问题做出最有智慧的判断与解决。[①]

素养要素观与素养层级观主要差异在于两者切入的角度不同,前者是横向角度,后者则为纵向角度。但从共性角度看,两者有更多的交集。这主要表现在三个方面。其一,两者都强调情境之重要,皆认为个体素养展现在具体情境下;其二,两者都强调内外资源之运用,素养层级观就明确指出个体素养体现在对具体情境问题的判断、运用解决问题所需要的内外资源上,而如果把素养要素观的反思作为内在资源来对待的话,其素养所运用的资源可统一用内外资源来描述;其三,两者都强调个体的行动,皆认为素养内在包含着行动。

(三) 素养概念的基本共识

从上文看出,素养是个复杂、动态发展的概念,涉及认知领域、动作领域、情感领域。不同视角也就意味着不同定义,要给素养下一个完整的定义是非常困难的。如果包含所有观点,虽然能很好地整合各种观点,但几乎不会被证伪。按波普尔

---

① 转引自:许彩禅.能力概念分析与建构及对台湾中小学教育的启示[J].国民教育研究学报,2009(22):159—180.

(K. Popper)的说法,不能被证伪的理论是不能成为理论的。① 确实,素养并无统一定义,但人们对于素养的基本内涵还是达成了如下基本共识:

素养内在包括知识、技能、情意等因素。素养包含必要的知识、技能、情意,它们是解决问题的个体内在资源。学生除获取知识与技能,还须培养自主、自发、自我导向,以及自我学习与行动、责任与态度、动机与价值观。

素养概念强调表现,体现在特定情境中个体解决问题的行动。解决实际问题或完成任务是素养的外在表现,这些个体行动乃发生于情境之中。换言之,素养是个体在具体问题情境下,通过综合利用自身内在资源与外在资源解决具体问题来体现。

素养是个体后续发展的基础,服务于社会发展与个体幸福生活。研制素养导向教育标准的一个重要目的,是培养富有竞争力的公民,并促使个体走向成功生活。之所以能达成如此目的,乃因为素养为个体后续发展埋下可能性。②

(四) 素养概念的界定方式

不同领域对素养的界定,大致可分为两种类型。一是理念型界定方式,二是实务型界定方式。前者是指个人或团队基于各自专业背景或需要,试图指出素养内涵的共同属性。如各国展开的素养导向的教育改革,对于素养目标的设置基本采用理念型界定方式。如新西兰界定公民应具备五大素养:思考素养;自我管理素养;人际互动素养;应用语言、文本、符号的素养;参与和贡献智慧的素养。③

实务型素养界定方式则是以领域来定义素养,强调实用价值。例如根据不同的人、不同的目的与情境来界定素养。实务型素养界定方式使得素养概念显得模糊,很难达成共识。因为根据其定义,素养将会因不同职业团队或文化体系而产生差异。相对理念型素养界定方式,实务型素养界定方式具有自身优势。第一,充分考虑人的因素。这是因为不同团队往往依据各自目的和专业为素养下定义,从而使素养内涵与表征具有独特性。第二,充分考虑目的因素。不同专业或职业定义素养的目的总是不同的,如基础教育与职业教育在定义素养时就有不同目的。第

---

① 赵敦华. 现代西方哲学新编[M]. 北京:北京大学出版社,2001:226—229.
② Eckhard, K., Hermann, A., Werner, B., et al.. The development of national educational standards: An expertise [R]. Bonn: Federal Minister of Education and Research (BMBF), 2004: 45 - 70.
③ Ministry of Education New Zealand. Key competencies and the New Zealand Curriculum [EB/OL]. (2012 - 06 - 08). http://keycompetencies. tki. org. nz/.

三,充分考虑情境因素。情境关系到更广大的人、事、物所构成的问题与挑战,各种问题与挑战所构成的任务属性、目的总是不同的。如学生取得学位文凭,这时文凭资格证明学生的素养,但就就业工作的情境而言,文凭资格未必是素养的保证。

理念型素养概念与实务型素养概念各有优势与不足,完全可以形成互补。如用理念型素养概念统一各学科课程以便形成国家教育目标,而用实务型素养概念来落实这些共同目标,如界定出学科素养,以便为学科课程、教学与评价提供依据。

三、学科素养: 错解与正名

自教育专业化以来,学科一直是当前课程设置的主要构成,培养学生的学科素养是学科教学的重要任务。那么何为学科素养? 作为素养的下位概念,学科素养就默认包含了素养的性质,无非更强调学科立场,强调学科具体的知识结构与要求。

(一) 被错解的学科素养

学科素养自然立足学科,但这并不是说以学科唯大。在笔者看来,要理解学科素养,特别需要走出当前许多认识误区:

第一,学科素养强调"学科中心论"。学科是当今教育系统设计的主要构成形式,但这并不意味学科就是中心。在一般生活层面,学生面对与解决的问题往往是复杂的,需要多门学科素养的配合。在综合化要求更高的领域,特别是一些跨学科领域,更是需要多门学科素养的支持。

第二,学科素养可以脱离学科知识、技能。学科知识、技能构成学科素养的基础,良好的学科知识结构,有助于技能的应用,更有助于行动时综合地应用学科知识与技能。从记忆角度来看,正是这些基本知识、技能的储存与结构优化,才能启动思维、认识学科问题。随着经验的积累,学科知识、技能的不断丰富,思维与认识活动才得以深入,解决问题的素养才能不断得以加强。那种无招胜有招的说法,只是武侠小说的杜撰。

第三,学科素养可简化为"学科知识＋一般策略性知识"。有种观点认为,只要拥有了学科知识,再加上一般策略性知识,学科素养就算被习得了。[1] 正如上文所

---

[1] Eckhard, K., Hermann, A., Werner, B., et al.. The development of national educational standards: An expertise[R]. Bonn: Federal Minister of Education and Research (BMBF), 2004: 45 - 70.

展示,这种观点误解了一般策略性知识与特定领域下策略性知识的区别。作为特定领域的策略性知识,学科技能与学科知识密切联系,脱离学科技能,一般策略性知识是很难获得的。

第四,学科素养等同于"学科知识＋学科技能＋情意"。这是一种"分解主义"的体现,忽略学科素养的整体性。诚然,从研究与表达需要角度看,人们喜欢分解研究对象或事物,但正如西谚所云"离开上帝的手还是上帝的手吗?",学科素养各个要素是交织在一起的。严格意义上,哪怕学生解决一件简单问题,如背诵一段句子,除了运用陈述性知识,难道其中就没有情意态度参与吗? 无非是更多地运用了陈述性知识。

(二) 为学科素养正名

学科素养立足于学科,是学科教学的目标。本研究认为:

第一,学科素养是学生素养的构成。学校任务是培养学生素养,但学生素养是个"大观念(big idea)",总是需要通过各门学科教学来加以培养。没有学科素养,学校教育就很难谈得上能培养学生的素养。如果把学生素养作为泛化的一般程序性知识,那么学科素养大致可对应于特定领域的程序性知识。有研究表明,人是否已经具备特定领域的相应知识,对能否成功地使用一般问题解决策略和一般推理规则起关键作用。[①] 即便把学生素养分解,单独罗列出陈述性知识,要获得这些知识,也需要学习各门学科的陈述性知识。当然,学生素养高通常能更好地促进学科素养的养成,如学生具备一般阅读素养将有助于学生学习其他学科。

第二,学科素养是一种有机结构。学科素养并不神秘,如果分析其构成,总离不开学科知识、技能、情意等因素,以及它们之间的关系。当然,这样分析是静态的,如果从动态角度来看,随着学习的发生,学生将不断改进学科知识结构,不断提高解决学科问题的素养。或者说,随着时间和学习的延续,学科素养具有不同发展水平。在某种程度上,这种动态性学习发展规律是学科素养的精髓。

第三,学科素养是可教可学的。学科素养具有结构,意味着教学可以具有指向性,在教学中学科素养能得到具体落实。在各学科教学实践中,已形成的学科素养有助于学生对各学科的学习,并为顺利地进行学科学习提供符合知识运用和操作技能要求的程序、步骤、环节、策略和方法。简言之,学科素养可通过有效教学而被

---

① 吴庆麟.认知心理学[M].上海：上海科技出版社,2000：206.

学生习得。

第四，学科素养被习得后表现出稳定特征。学科素养既要解决知与不知的问题，又要面对会与不会的问题。一旦拥有学科素养，学生就能表现出在不同情境下解决问题的行动本领，即发生了学习迁移。无疑，在一定时间内如果个体能在不同情境下解决问题，那么学科素养是稳定的。

第五，学科素养是学科目标的指向。学科目标从关注知识、技能转向关注学科素养后，学科素养成为学科目标的重心。以数学学科为例，台湾地区 2012 年课程统整计划中提出高中数学学科目标为"培育具备独立以数学思考问题、分析问题和解决问题的素养"，进而确定出六项数学素养指标，其中三项为"具备演算、抽象化、推理、连结、解题、沟通等数学素养"、"运用数学符号进行逻辑思考与分析"、"利用数学运算解决问题"。[①] 与台湾地区不同的是，其他一些国家的数学学科素养概括性比较强，如新加坡 2007 年的中小学数学教学大纲提出思考技能、数学推理、交流与联系等过程性技能；2010 年，美国共同核心州立标准则将数学课程目标分为八大方面，即理解并解决问题、推理、论证并评价他人的推理、数学建模、使用合适的工具、精确化、探求并利用数学结构、探求规律。[②] 上述数学课程目标显示课程标准编制者的一个基本思考均为：学生学习数学课程后，能获得哪些重要而关键的素养。这些学科素养凸显每门学科的特点，概括了学科的本质特征。

第六，学科素养整合了传统上比较注重的一些素养。还是以数学为例，传统上比较注重记忆力、数学直觉、创造力、反思素养等，它们虽然较少出现在数学课程标准中，但由于素养本身是整合的，这些素养已经部分或全部隐藏在学科素养之中。[③] 实际上，这些传统素养是学科素养的重要构成。

第七，学科素养之间是相互依赖的。学科素养之间并非相互独立的，在具体解决问题时需要综合运用各种学科素养。如 2001 年，美国国家研究理事会（National Research Council, NRC）提出五大数学学科素养：概念性理解（conceptual understanding）、策略性素养（strategic competence）、适应性推理（adaptive reasoning）、流畅性操作（procedural fluency）、创造性倾向（productive disposition），

---

① 台湾教育研究院. K‒12 各教育阶段核心素养与各领域课程统整研究总计划书期末报告[R]. 台北：台湾教育研究院，2012.
② 杨向东，黄小瑞. 教育改革时代的学业测量与评价[M]. 上海：华东师范大学出版社，2013：53—54.
③ 杨向东，黄小瑞. 教育改革时代的学业测量与评价[M]. 上海：华东师范大学出版社，2013：55.

并且指出这些学科素养呈现如下相互交织状态。①

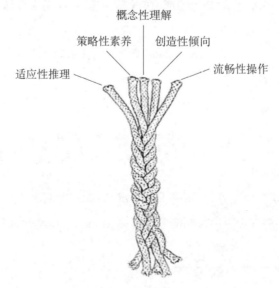

概念性理解
策略性素养　创造性倾向
适应性推理　流畅性操作

图3-3　NRC五种数学素养的关系

四、确定学科素养的逻辑起点

　　传统上，确定学科素养乃立足于学科立场。最常用方式是直接从学科特点出发，通过组织学科专家进行研讨与学科研究，并经过经验验证得出。如 NAEP（2011）在制订科学素养时，就基于现有的科学内容标准，结合国际科学研究最新发展成果，制订出识别科学原理（identifying science principles）、运用科学原理（using science principles）、应用科学探究（using scientific inquiry）、使用技术设计（using technological design）共四项科学素养。②

　　但在素养导向的背景中，尤其是从教育整体培养目标角度看，要培养学生，学科之间需要协调，学科之间需要统整。也就是说，学校教育首先需要从培养一个完

① National Research Council. Adding it up: Helping children learn mathematics [M]. Washington, D. C.: National Academy Press, 2001: 117.

② National Assessment Governing Board. Science framework for the 2011 National Assessment of Educational Progress [R]. Washington, D. C., 2010.

整的人角度出发①,它是确定学科素养的一个重要来源,这实质涉及更为根本的教育目的或教育目标。这些教育目的或目标的达成需要各门学科素养共同承担,而各学科素养之间又是相互联系的。具体至实务操作,需要把相对广泛的教育目的或目标转化为更具体的内容,否则学科素养就会失去明确的指向,学科教育的育人功能不能得到充分体现。

第二节　学科素养模型及验证

课程标准反映学科素养,要研制课程标准,首先需要明确学科素养模型,实质上,它能为研制课程标准提供编制框架,为课程标准条目编写提供参考依据②。

一、学科素养模型的考察

当前,关于学科素养模型的研究甚少,基本上集中在数学与科学领域,体现在各国课程标准及当今著名的评价项目中。归纳起来,主要类型有五大类。

第一类由学科主题+学科素养构成,其中最为著名的有 NCTM 数学素养模型(1989),其构成如下:

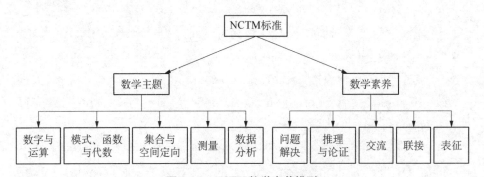

图 3-4　NCTM 数学素养模型

---

① 钟启泉. 现代课程论[M].上海:上海教育出版社,2003:194.

② Weiglhofer, H.. Austria at the beginning of the way to standards in science [C]. In D. J. Waddington, P. Nentwig, & S. Schanze (Eds.), Make it comparable: Standards in science education. New York, NY: Waxmman, 2007:63.

NCTM数学素养模型(1989)对课程标准研制影响至深，即便今天的许多教育标准与大型评价项目也借鉴了其思想，它们的学科素养模型或评价框架一般都以两个维度为基础。如国际数学与科学教育成就趋势调查(Trends for International Mathematics and Science Study, TIMSS)的科学测评框架(2011)由学科主题与相关素养构成，此处相关学科素养包括了解(knowing)、应用(applying)、推理(reasoning)，每个方面进一步被细分为众多子项。①

遗憾的是，NCTM数学素养模型虽然很好地归纳出数学素养，但并没有进一步描述学科素养，如不同学科主题下的学科内容对学生提出的不同认知要求。

第二类由学科主题＋学科素养＋认知要求三个维度构成。德国物理素养模型(2003)是一大典型，它包括基本概念(basic concept)、素养水平(level)、素养领域(area of competence)，三者对应于学科主题、认知要求、学科素养。②

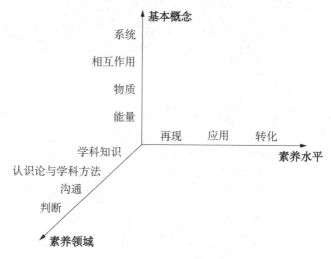

图3-5　德国物理素养模型

瑞士则效法德国，其科学素养模型(2007)由领域(domains)、素养(competencies)、素养水平(levels)三个维度构成。领域主要是指学科主题，包括主要概念或内容，如物质的结构与性质、能量及其转化等。学科素养由辨别并质疑科学问题、发展基本

① TIMSS. Assessment frameworks [EB/OL]. (2013 - 01 - 07). http://pirls. bc. edu/timss2011/frameworks. html.

② Schecker, H. & Parchmann, I.. Standards and competence models: The German situation [C]. In D. J. Waddington, P. Nentwig, & S. Schanze (Eds.), Make it comparable: Standards in science education. New York, NY: Waxmman, 2007: 152 - 153.

观念与计划、执行行动方案、操作与加工材料、解释并交流数据等组成。素养水平由再现、应用、转化构成,本质上是三种认知要求。[①]

与之相似,澳大利亚科学素养模型(2005)由实践素养(competence of acting)、学科素养领域(subject competence domains)、复杂度(complexity)构成,其中实践素养包括观察与习得、探究与操作、评价与应用三大项,各项又细分为各子项,其实质是学科素养;学科素养领域由物质、粒子、结构,相互作用,进化与过程,系统四大学科主题构成;复杂度则由再现、关联与自动应用两种水平构成,每种水平包括各自内涵,其实质是认知要求。[②]

上述瑞士科学素养模型、德国物理素养模型、澳大利亚科学素养模型与NCTM数学素养模型不同之处在于:(1)虽然都强调学科素养,但前三者还于学科素养后附加认知要求;(2)具体开发教育标准过程时,前三者不仅在理论上对学习结果进行描述,还结合实际学生表现确定最终的规范性学习结果。

第三类由学科主题+学科素养+表现水平构成。这种类型以加拿大安大略省数学素养模型(1997)为代表。问题解决、概念理解、数学程序应用、数学交流是该省四项数学素养,它们各具四种表现水平,为撰写相关学科主题下具体知识与技能的课程标准条目提供了参考。

表 3-1　安大略省数学课程学业成就图(1—8 年级,节选)

素养种类	水平 1	水平 2	水平 3	水平 4
数学素养之一:问题解决	在外界帮助下,展示出非常有限的合适策略,策略通常不准确	在外界提供很少的帮助下,通常准确地展示出基本策略	通常能独立地选择使用准确、合适的基本策略	绝大多数情况下,能独立、准确地改变策略或创造新的策略

上表显示,该数学四种成就水平运用了比较性语言来显示不同的数学素养,但非常笼统、宽泛,没有展示出问题解决的本质,没有描述出内在认知过程或要求,仅仅是一种对外在行为的比较性描述。[③] 具体到撰写特定教育标准时,需按照学习

① Labudde, P.. How to develop, implement and assess standards in science education? 12 challenges from a Swiss perspective [C]. In D. J. Waddington, P. Nentwig & S. Schanze (Eds.), Make it comparable: Standards in science education. New York, NY: Waxmman, 2007: 277 - 301.

② Weiglhofer, H. Austria at the beginning of the way to standards in science [C]. In D. J. Waddington, P. Nentwig, & S. Schanze (Eds.), Make it comparable, standards in science education. New York, NY: Waxmman, 2007: 64 - 65.

③ Ontario Education Department. Curriculum framework [EB/OL]. (2013 - 09 - 09). http://www. edu. gov. on. ca/eng/document/curricul/curr97ma/achieve. html.

发展顺序结合学科内容加以描述。

第二、三类模型实质上关系紧密，具体表现为：第二类模型中的认知要求可以被转化为外显的行为，即表现水平描述。换句话说，第三类模型中的表现水平描述自然也隐藏着认知要求。

第四类模型也包括三个维度，由学科主题＋学科素养＋问题情境构成。美国国家教育进展评估（NAEP，2005）科学测评框架堪称典型。其科学素养包括概念理解、科学探究、实践推理，科学主题涉及地球科学、物质科学、生命科学。[1]

相比 TIMSS 科学测评框架（2011），NAEP 科学测评框架（2005）更为关注问题情境之意义。具体至试题编制，NAEP 科学测评框架非常注重各类试题所属的问题情境，大部分题目都是基于学生体验的，这些体验来自科学课堂与实际生活，通过真实问题情境的创设，学生需要调动相关体验，而不是死记硬背的知识。因此，虽然框架本身并没有罗列出问题情境，但本文认为 NAEP 科学测评框架包含问题情境这个维度，而这在 TMISS 科学测评框架中并非如此明显。在这一点上，由于针对的是 15 岁学童，下文的 PISA 测评框架更是凸显了问题情境的重要性。

第五类包括四个维度，由学科主题＋学科素养＋认知要求＋问题情境构成。

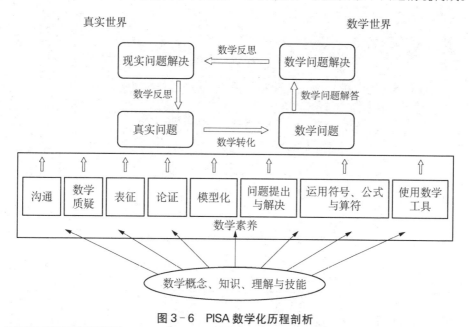

图 3 - 6 PISA 数学化历程剖析

① National Assessment Governing Board. Science framework for the 2005 National Assessment of Educational Progress [R]. Washington, D. C. , 2004.

PISA(2009)是一大经典。虽然学科不同,但这些学科的测评框架大致都包括学科主题、学科素养、认知要求、任务情境。以 2009 年的数学化循环构思为例,其构成可如图 3-6 所示。

在该图,数学化历程(mathematisation)大致包括数学转化、数学问题解答、数学反思过程,它们涉及了八项数学素养,即沟通、数学质疑、表征、论证、模型化、问题提出与解决、运用符号、公式与算符、使用数学工具。这些数学素养定位于认知层面,可归类为再现、联结、反思三种认知要求,而隐藏的对应数学主题由变化与关系、空间与形状、定量化、不确定性构成。在问题情境上,PISA 把它分为个人类、职业类、时政类、科普类共四类情境。[①]

可以看出,PISA 数学测评框架(2009)特别强调情境,这很好地体现出素养取向特征,抓住了素养的行动意涵。但需要指出的是,它在学习发展描述上具有一定局限性:描述素养水平的主要依据是参与考试特定年龄或年级的学生样本的表现,它的素养水平只指向特定年级。

二、学科素养模型的备择方案: 一种分析框架

为更好地确定学科素养模型的维度,不妨以下表统一呈现上述五大类模型,以便做进一步讨论。下表中,对应的维度为学科素养、学科主题、认知要求、表现水平、问题情境。笔者认为,这五个维度都是必不可少的,其理据如下:

表 3-2   五类学科素养模型及其构成维度

维度 模型	学科素养	学科主题	认知要求	表现水平	问题情境
第一类(NCTM1989 数学素养模型,TMISS2011 科学测评框架)	√	√			
第二类(瑞士 2007 科学素养模型、澳大利亚 2005 科学素养模型,德国 2003 物理素养模型)	√	√	√		
第三类(安大略省 1997 数学素养模型)	√	√		√	

---

① OECD. PISA 2009 assessment framework: Key competencies in reading, mathematics and science [DB/OL]. (2012-09-15). http://www.oecd.org/pisa/pisaproducts/44455820.pdf.

续　表

模型 ＼ 维度	学科素养	学科主题	认知要求	表现水平	问题情境
第四类（NAEP2005 科学测评框架）	√	√			√
第五类（PISA2009 数学测评框架）	√	√	√		√

（一）每门学科总有自己的学科素养与学科主题

上表显示，学科素养是五种学科素养模型的共同因素，以课程标准研制视角看，这其实不难理解——每门学科总有自己的特色，总归需要明确学科素养。说到底，学科素养就是学科培养目标。对于那些没有概念化出学科素养的学科，其实也是可以把它们"杂乱无章"的各种素养进行归纳而得出学科素养的。

当今许多国家与地区都非常注重学科素养。以数学为例，除上述出现的台湾地区、新加坡、美国相关例子外，德国数学教育标准（2003）规定了六大数学素养：数学论证；数学地解决问题；数学建模；数学表征的应用；数学符号、公式以及技巧的熟练掌握；数学交流。日本的《数学学习指导要领（初中和高中）》（2009）则提出培养学生的三大素养：思考素养、判断素养、表达素养。[①]

学科素养可以由更小的子素养构成。对于一门学科，其学科素养总是高度概念化，包括的种类数量不会太多，一般为 3—6 种左右。从教学、评价角度看，这些素养还比较广泛，必须被分解为更具体的子素养或要素。如澳大利亚（2005）科学素养有三项，每项科学素养由许多子素养构成，下面举例说明第三项科学素养及其子素养：

评价与应用（evaluate and apply）：记录、呈现、评估、应用、解释数据、事实及结果时，使用经由证明过的评价标准，认识到科学声明和预测的效度与使用之局限；将科学知识进一步应用于个人生活与社会领域。[②]

---

① 杨向东，黄小瑞. 教育改革时代的学业测量与评价[M]. 上海：华东师范大学出版社，2013：53.

② Weiglhofer, H.. Austria at the beginning of the way to standards in science [C]. In D. J. Waddington, P. Nentwig, & S. Schanze (Eds.), Make it comparable: Standards in science education. New York, NY: Waxmman, 2007：64.

学科素养并非空中楼阁,它总是建立在学科领域上的,或者说学科素养总是以学科主题为依托的。如 NCTM 数学素养模型(1989)中学科内容由五个数学主题构成,在宏观层面编制教育标准时,这些学科主题与学科素养构成学科总体架构。在微观层面撰写具体条目教育标准时,则需要把这些学科领域细化或分解为具体学科的内容或知识点,而不同学科内容或知识点渗透着学科素养或子素养。

需要强调的是,学科素养构成中,知识、技能、情意是不可分的,而表 3 - 2 之所以没有显示出情意因素,一个原因是情意目标难以观察与测量,而且一些国家崇尚多元文化价值,任何意识形态的目标都可能会受到批评和反对。另一方面原因是,学科素养总是在具体情境下展现出来的,正因为情境的介入,素养内在地包含了情意因素,这是因为——在由主体与环境互动构成的情境中,主体必须在认知中做出价值判断与抉择。从严格意义上来讲,由于认知与情意是一体的,有时被用来推断认知因素的行为同时反映了情意因素,只是我们太关注认知,加上评价技术的不足,以至于"看到"的只是素养的一个侧面——认知。如果我们足够智慧,或者拥有强大技术,则可通过行为推断情意因素。这具有存有论意涵——素养乃由知识、技能、情意所构成的不可分割之整体。实际情况比上述分析乐观,如情意目标往往隐含在课程内容中[①],下表更是直接用表现标准来描述科学价值观与态度。[②]

表 3 - 3 新南威尔士州科学价值观与态度的表现标准(节选)

	阶段 1 - 3	阶段 4 - 5	阶段 6 - 高中
学生将在下述方面发展积极的价值观和态度:			
对他们自己	当开展调查、设计、制作及运用技术时,学生愿意并自信地做出决策;从调查、设计、制作及运用技术中获得成就感	愿意并自信地做出决策,并实施负责任的行动	(略)
对他人	在科学和技术任务,以及其他挑战中,能与小组成员合作	尊重不同的科学观点,展示出诚实、公正、道德的品行	(略)
对终生学习	对科学、技术的思想与证据展示出好奇心与负责任的态度	意识到终身学习的重要性与关联性及科学对日常生活的持续影响	(略)

① 王小禹,袁孝亭. 国外地理课程标准课程目标的特征与趋势[J]. 外国中小学教育,2012(3):54—60.
② NSWBS. Science stage 6 support document:Part 1[R]. Sydney:NSW Board of Studies,2000.

（二）学科素养需要呈现不同水平

上表表明，第二、五类学科素养模型关注学科素养的内在认知要求，而第三类学科素养模型关注了学科素养的外在表现水平。无论体现在内在认知要求上还是外在表现水平上，经验与事实告诉我们，学科素养是有高低的，不同的学生具有不同的素养水平。另一方面，学科素养又同时具有内隐与外显特征。这是因为，为成功因应外部生活情境、各种社会场域的复杂需求，素养主体能动地激发个体内部心智运作机制的认知、技能与情意等行动的先决条件，促进个体开展负责任的行动。①

传统上，由于受心理学的影响，早期教育领域的素养基本被认为是个体内在特征。然而从评价与测量角度看，内隐特征是无法直接观察的，我们只能通过外在行为来推测。而表现水平可以表征学生达到何种素养熟练水平，它也是我们推断与判断学生认知目标、情意目标、动作技能目标的凭借对象。如果要分而求之，在认知领域，我们完全可以依据学生行为表现来推断学生认知。与认知领域不同的是，确定情意因素的一般做法是从评价量表来展开，但同样可通过观察学生行为表现来推断，或者对学生表现进行格式塔式的整体把握。如果表现本身就是目标（如某种动作技能），那直接可从学生表现来判断是否达到要求。事实上，受劳动学影响，后期教育领域的素养开始从内隐走向外显，注重将个体内在认知与外在表现结合起来，强调个体潜能与在情境中的行动。② 这其实也是前文的素养层级观与素养要素观对素养内涵的基本定位。因此，在这个意义上讲，需要从内在与外在两个角度来描述学科素养。

需要指出的是，表现水平描述往往就渗透着认知要求，但从课程编制角度看，认知要求有助于我们确定事先规划学科素养的内在要求，因此保留认知要求还是极具实用价值的。简要地说，学科素养的不同水平，可用内在认知要求与外在表现水平与描述来加以呈现。

（三）学科素养需要体现于问题情境

要判断素养，必须用评价任务引出表现，评价任务为学生展现学科素养水平提

---

① 蔡清田. 素养：课程改革的 DNA[M]. 台北：高等教育文化事业有限公司，2011：96—143.

② Jonnaert, P.. Competences and socio-constructivism: A theoretical framework [M]. Bruxelles: De Boeck, 2009: 3 - 20.

供情境。在这一点上,第四、五类学科素养模型恰恰体现了这一点。可以说,这种情境正是素养外化的"施展平台",情境是培养素养和评估素养的必要条件,素养是在具体情境下解决问题的表现。

由于学科素养是学习者运用内外资源处理具体情境任务或问题的行动素养。素养的情境性特征使得它有别于知识、技能,因为后者往往是去情境化的。[①] 如果教育标准研制以素养为导向,那么情境势必会在教育标准中有所体现。这可从经验得以证实——依据有关研究,人类的自觉活动总是由一定的需要所激起,指向达到预定的目的而告终。活动本身总是通过"主体"、"客体"相互作用,通过由"主体"发出一系列动作,作用于一定"对象",从而使"对象"发生合乎目的的变化而实现的。即便对活动系统做静态分析,活动过程本身也包括这样一些要素,即活动需要及目的、活动对象及条件、动作程序的计划、动作程序计划的执行、活动结果与预定目的对照。所有这些都是活动系统所必不可少的组成要素。[②] 简言之,素养总是指向于活动而表现出来的,而这种活动总是与具体情境相关联的。

上述三点是静态地描述学科素养模型,如果从动态角度看,素养是发展的。这种发展态势就体现在不同素养维度在不同时间上的变化上,如不同年级具有不同表现水平、同一年级也有不同表现水平。考虑学生样本巨大,不同表现水平将呈一定规律分布,而这些不同表现水平将成为制订最终规范表现水平的参考依据。[③]

综上所述,学科素养模型通过学科素养来体现学科目标,可用学科主题、认知要求、表现水平、问题情境对其加以描述。学科素养模型具体构成可由图 3 - 7 来说明,其中学科素养(复数)由若干项构成,它们可进一步分解;学科主题可分解为各个更小的学科内容,可以对应一种或一种以上的学科素养;认知要求体现在教育标准描述中;表现水平可由若干水平层级与相应描述构成,但落实至教育标准,可能呈现为一种或多种表现水平层级及其描述语;问题情境可由学生表现样例来体现。

---

① 许彩禅. 能力概念分析与建构及对台湾中小学教育的启示[J]. 国民教育研究学报,2009(22): 159—180.

② 冯忠良. 能力的类化经验说[J]. 北京师范大学学报(社会科学版),1986(1): 27—34.

③ Koeppen, K., Hartig, J., Klieme, E., etc.. Current issues in competence modeling and assessment [J]. Journal of Psychology, 2008, 216(2), 61 - 73; Bybee, R. W. Toward an understanding of scientific literacy [C]. In W. Gräber & C. Bolte (Eds.), Scientific literacy: An international symposium. Kiel: IPN, 1997: 37—68.

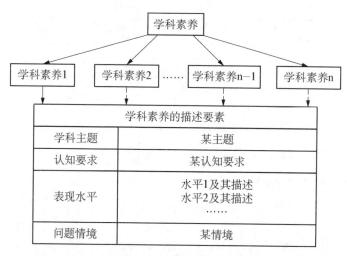

图3-7 确定学科素养模型：一种分析框架

三、学科素养模型的验证

尽管上文提供了学科素养模型的分析框架，但要真正确定学科素养模型构成要素的具体内涵与要求还需要深入探讨。事实上，学科素养模型不仅仅是一种理论预期，也需要考虑经验基础，是理论与经验相结合的结果。

（一）从一则学科素养模型验证案例谈起

学科素养模型验证是学科素养研究的一大难题，当前仅有少部分研究开展了学科素养模型的经验验证。下文试以一例来说明学科素养模型验证，这并非是对学科素养模型分析框架的验证，而是意图对上文做进一步说明。该案例[①]来自德国物理素养模型化研究的一个子项目。该早期模型包含的维度例示如下：

表3-4 德国物理素养模型的假设构成维度

维度	构成			
学科主题	热量 & 温度	热力学	科学本质	……

---

① Einhaus, E. & Schecker, H.. Modelling science competencies [R]. Malmö, 2007. 为便于论述引用时做了一定的调整。

续　表

维度	构成			
过程性技能	应用内容知识	运用方法	沟通	判断
情境	学科情境	个人和社会情境	专业情境	
认知要求	应用生活常识	再现	应用	转化
认知特征	分析性思维	创造性思维		

该研究的一大目标是,探索模型中"学科主题"与"认知要求"两大维度之间存在什么关系,研究内容涉及上表的灰色部分内容。实际操作过程可分为四个环节:

一是根据模型研制试题并施测。这包括:(1)圈定基础教育阶段的热力学、热量—温度作为研究的学科主题;(2)基于这些研究内容收集来自国际数学与科学趋势研究(TIMSS)等评价项目与教材资料的试题;(3)编制新试题以覆盖研究内容;(4)邀请 26 位专家评估这些试题的课程效度、思维过程、认知要求;(5)基于专家反馈信息修改试题;(6)形成不同抽样试卷;(7)通过多层次矩阵设计抽测 9—13 年级共 680 名学生,要求每个学生完成一份试卷;(8)根据拉希模型(Rasch Model)标定测试数据。

二是将"学科主题"与"认知要求"两个维度结构化。项目小组提出各个维度内存在三种关系:(1)分离关系,例如学生能打排球,但未必能玩足球或乒乓球,反之亦然;(2)同步关系,例如学生如果能玩单杠,同时就能玩双杠或高低杠,反之亦然;(3)递进关系,例如学生能玩翻筋斗,就能玩前空翻和前滚翻,能玩前空翻,就能玩前滚翻。

三是分析两个维度构成及关系。针对上述三种关系,该环节主要任务是确定两个维度之间存在哪种关系,其主要事项有三:

第一,根据多维度拉希模型分析(Multidimensional Rasch-Analyses)形成判断标准。下表所示,对应维度构成的三种关系,7 条标准分别用对应的序号描述出相关 7 个方面的要求。

表 3-5　判断维度构成关系的标准

标准	维度构成的三种关系		
	① 分离关系	② 同步关系	③ 递进关系
标准 1	模型适配维度:①多维;②单维;③单维		
标准 2	多维度模型维度潜在关联:①无;②高;③高		

续　表

标准	维度构成的三种关系		
	① 分离关系	② 同步关系	③ 递进关系
标准3	试题参数与构成的相关度：①无；②无；③高		
标准4	Kruskal-Walis测试参数：①非显著；②非显著；③显著		
标准5	方差分析：①不能充分解释各维度变量；②能充分解释各维度变量；③被解释的变量依赖于该维度		
标准6	多维度模型中的皮尔逊参数（Person Parameters）：①无；②高；③低		
标准7	泡泡图：①群组之间呈非一致关系；②群组之间呈相关关系；③群组之间呈三角关系		

第二，通过模拟实验检测三种不同关系对于统计标准的影响。该研究开展了三项模拟实验，在每项模拟实验中，分析了每个维度下假想的三个因素，并界定了题目和学生个人参数。在这过程中应用了拉希模型的等值方法（Equation），计算出多维拉希模型参数。

第三，基于7种标准分析经验数据。该任务将形成不同"学科主题"与"认知要求"的模型，并计算出适切的多维拉希模型参数。运作过程是假设所有试题能被匹配入一简单标尺，正确回答同样试题的学生具有同样的素养。相关模型与信息举例说明如下：

对于学科主题模型，不同试题指向不同内容，其假设是在多维度拉希模型中每个学科主题代表独立的统计维度，在不同学科主题上学生具有不同素养，即学生在热量—温度与热力学两大主题上的素养可能存在分离关系、同步关系或递进关系。

对于认知要求模型，不同试题指向的认知水平是不同的，其假设也是在多维度拉希模型中每种认知水平代表独立的统计维度。在这些维度构成因素上，不同学生拥有可辨别的素养，具体操作时，做如下处理以区分不同素养水平：（1）把转化作为一个因素，再现—应用作为另一因素，以便区分它们在不同学科主题中的发展情况；当物理事实只需被记忆或应用于熟悉情境中解决问题时，转化与再现—应用的区别在于前者需要理解概念，后者则不需要。（2）把再现与应用—转化作为两大因素，以便判断它们之间的区别。当解决问题只需应用物理事实或转化时，前者需要记忆事实，后者需要转换思维；（3）分别区分再现、应用、转化三种素养水平，运用拉希模型的三个独立的统计维度来处理它们。

四是形成基本结论。通过分析，可得到相关结论：（1）在"学科主题"维度，学生通常可在12—16岁学习热量—温度，在17—19岁学习热力学，它们之间的素养发展呈分离关系;(2)对应于热量—温度与热力学内容,"认知要求"维度存在的关系之一是:再现与应用呈同步发展关系,一些数据还表明再现—应用与转化可被视为素养发展的两种水平。

需要指出的是,上述案例只是验证物理素养模型的早期行动,事实上验证行动是项庞大工程,并非一蹴而就的。例如,基于初步得出的结论设置物理素养模型后,还需要进入学校课堂现场进行实施,经过一段时间的教学实践后需要再探讨物理素养模型设置的合理性,进而再次完善物理素养模型。从目前公布的结果看,德国物理素养模型显示为图3-5的结果。

(二) 验证学科素养模型的一般议题

上节显示,学科素养模型的验证涉及认知模型与测量模型,是学科共同体集体努力的结果。上文亦间接表明在建构过程中不仅需要做出理论预期,还需要进行实证研究,否则极有可能使得学科素养模型成为随意的假想。为探索它内在的机制,尤其是明晰学生在不同情境下的表现,极有必要基于测量模型开展研制并加以检测。如果它们缺乏经验基础,那么只能是一种规范化模型,例如学科素养模型预设了绝大多数学生无法达到的素养要求。为确保学科素养的合理性,不少国家与地区试图利用规范化模型研制评价任务,然后基于大量测评数据的分析来调整或完善规范化模型。

本研究认为,学科素养模型是理论与实践结合的结果,不仅需要理论预期,也需要实证经验,其验证一般需要考虑如下两大议题:

一是,需要设定哪些学科素养,它们与教育目的或目标(如核心素养)有什么关系? 对于一门学科,其学科素养不止一种,它们并非随意的拼盘,而是一个有机的整体。如果是前者,意味着学科素养模型仅仅是种规范化的猜想。这极有可能与实践相背,造成实践的混乱。如果是后者,意味着学科素养模型需要做出合乎理性的设置,需要有证据基础。如果超越学科局限,考虑到学科素养对于总体培养目标的贡献,需要考虑学科素养与教育目标的关系、学科素养与其自身学科立场的关系。这同样需要论证与共识。

二是,学科素养模型的构成要素是否有经验数据的支持? 学科素养模型是由不同要素构成的,这些要素之间应该形成一个密不可分的整体。这需要论证特定学科素养、学科主题、认知要求、表现水平、问题情境之间是否相互支持、相互匹配。例如,在不同学科主题下,各种学科素养的认知要求存在什么关系,它们之间是否构成一个测量尺度,是否对学生提出过高或过低要求? 要回答这些问题就必须借助数学统计模型来探索实际抽测数据与学科素养模型是否吻合。

第三节　学科素养模型在表现标准研制中的作用

自 NCTM(1989)通过数学素养模型研制数学教育标准后,当今教育标准基本以学科素养模型为模式展开研制。那么,作为教育标准编制模式,学科素养模型与表现标准编制有何关系? 这需要回答两个更具体的问题：一是总体设计表现标准研制思路时,学科素养模型起着什么作用? 二是具体转化学科素养为表现标准时,学科素养模型起着什么作用?

一、架接表现标准与教育目的

学科课程标准规定了一门学科的基本要求,是落实教育目的或目标的重要文本,是国家人才培养规格在学科教育中的具体表现。一般说来,编制学科课程标准既受制于国家教育目的或目标,又受制于对学科本质或育人价值的理解,后者也就是通常人们所说的学科素养模型。学科素养模型是一种理论构念,代表着人们对该学科教育价值的本质的认识与表达,同时,它也是学科教育或课程标准的内在逻辑,许多国家和地区都是基于这样的认识来建构自己的学科课程标准的,并以学习领域或内容、学习机会或标准、表现标准或水平等要素来呈现课程标准的。

从演绎角度看,编制教育标准总是始于教育目的或目标,但从教育目的或目标到教育标准不是一蹴而就的,当中需要一个中介。这个中介就是学科素养模型。这种想法非常自然,因为从抽象的教育目的或目标到具体条目的内容标准或表现标准,必然需要一个转化中介或参考框架。可以说,学科素养模型是编制教育标准的必然选择,是当今素养导向思潮的反映。如德国教育部就采纳了如下(左)的教育标准编制思路,其教育标准融合了内容标准与表现标准。①

---

① Oelkers, J. & Reusser, K.. Developing quality-safeguarding standards-handling differentiation [R]. Bonn: Federal Ministry of Education and Research (BMBF), 2008: 277.

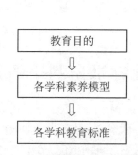

图 3-8 德国教育标准编制中
学科素养模型的作用

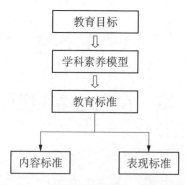

图 3-9 国内学者关于研制教育标
准的总体思路

我国学者林崇德更是直截了当地指出,学科素养模型是统领和规范不同学科及不同学段学生成就水平的重要科学依据,并用上图(右)描述了学科素养模型在编制教育标准中的作用。[①] 学者杨向东持同样观点,所提思路与林崇德一致。[②] 如果把图 3-8 的教育目的转化为教育目标的话,其编制思路的实质与图 3-9 基本上是一样的。

上述研究表明,学科素养模型的重要性在于——它是联接教育目的或目标与教育标准的枢纽,联接了相对抽象的教育目的(或目标)与内容标准、表现标准,使得内容标准和表现标准成为可测量指标。从目前情况看,国际上都开始用核心素养来具体化教育目标,因此学科素养模型实际成为了连接核心素养与教育标准的枢纽。

关于上述的认识,不妨以加拿大魁北克地区的课程标准研制思路为例做更具体的说明。该地区的教育方案先是确定认知素养、方法性素养、个人与社会素养、沟通素养共四项核心素养。为便于建置学科素养,需要确定每一类核心素养所包含的子项,并对这些子项进行描述。例如认知素养就包括使用信息、解决问题、批判性思考、运用创造力共四项子项,其中使用信息的构成可如图 3-10 所示[③]。

而各门学科素养以核心素养为依据进行研制,如数学素养包括三项,即"应用数学方法与过程进行推理"、"解决与数学相关的情境性问题"、"使用数学语言进行

① 为便于论述,引用时做一定的修改。参见:林崇德. 从智力到学科素养[R]. 上海:上海市教委,2012.

② 杨向东. 基础教育学业质量标准的研制[J]. 全球教育展望,2012(5):32—41.

③ Gouvernement du Québec Ministère de l'Éducation. The Québec education program (Preschool education and elementary education) [M]. Bibliothèque nationale du Québec, 2001.

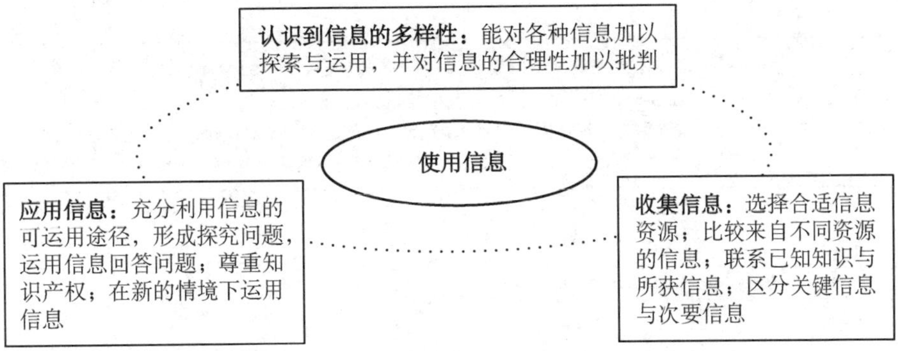

图 3-10 魁北克核心素养"认知素养"中"使用信息"的内涵

交流"，其中"解决与数学相关的情境性问题"相关描述见下表。如此一来，基于核心素养，就明确了学科素养，接着根据学科素养研制相关课程标准，以便落实学科素养进而落实核心素养。例如确定好数学素养"解决与数学相关的情境问题"后，研制相关课程标准时，需要厘清下表所示的相关议题①。

由此可见，该数学素养"解决与数学相关的情境性问题"涉及以下几个方面：如何定位自身的要求；如何转承核心素养；如何结合情境与学科内容；如何用具体情境与数学内容来描述课程标准、这种描述中如何体现素养水平与表现水平等等。

表 3-6 魁北克数学素养"解决与数学相关的情境性问题"简介

学科素养定位	该素养属于认知性质的素养，广泛适用于各种情境。它被用于发展学生推理素养和创造性素养、解决各种日常生活所面临的挑战性问题。这些情境性问题要求学生使用综合、组织、问题解决、检验、沟通等策略，并为学生提供运用数学语言的机会
与核心素养的联系	由于该素养覆盖范围非常广，尤其需要学生运用创造力、进行信息加工、发现有效的解决方法、发展合适的沟通方法。这些方面要求与核心素养内容有很大重叠，实质上该素养可以发展所有核心素养
学习情境	情境性问题指向具体情境，并向学生提出挑战。它必须激发学生兴趣、参与解决问题。问题情境的设计基于实际需要，可以是学生熟悉的情境，也可以是其他不熟悉的真实情境。它要求学生执行方案或发现解决办法以便达到某种目标。这种目标不能马上达成，其完成过程需要推理、研究、运用策略，或者说学生需要进行系列操作，如编码、证明、解释、验证。该过程是动态的，需要学生做出预判、重复某些步骤、运用批判性思考或元认知反思。在此过程中，需要学生运用代数、算术、测量、统计与概率等知识
各阶段总目标	在阶段一，学生能识别问题情境中的相关信息，他们能针对情境问题提取相关数学模型，运用不同问题解决策略，与同学交流修改解决办法；

---

① Gouvernement du Québec Ministère de l'Éducation. The Québec education program (Preschool education and elementary education) [M]. Bibliothèque nationale du Québec, 2001.

续　表

	在阶段二,学生成功地识别问题情境中潜在的信息,运用数学模型建构与问题解决策略。他们能描述问题解决过程,对其他解题方法感兴趣; 在阶段三,学生能对情境问题进行编码,辨识出问题情境中存在缺失的信息。他们独立地提出数学模型、更简便的解题方法,有效地验证自己的解决办法,并评论同学的解决办法

二、提供编制表现标准的参照框架

总体思路上明晰了教育目的或目标到表现标准演进的基本思路后,还有个实践性问题需要进一步明晰——学科素养如何被具体化为表现标准? 就此,结合前文建构的学科素养模型,下面我们以数学学科为例提供一个理想的转化过程,因为实际转化过程未必如此完整。具体说来,学科素养向表现标准的转化一般可粗略地分为五个步骤。

第一步,先确定出学科素养及各子素养。如对于下表,小学数学素养包含问题表征、联接、结果检验、交流这四项。

第二步,结合学科素养与学科主题进行学科总体设计,即在"宏观"层面上,学科素养与学科主题构成了学科基本结构,体现了学科课程的总体设计。如要设计小学数学,可先描述出该年段所包括的四大数学主题和四大数学素养。此时需要为学科素养配置相关认知要求,并付之于具体学科主题中。

表 3-7　小学数学学科主题与学科素养设计:一个假想案例

主题 素养	图形	统计	表达	比率
问题表征				
联接				
结果检验				
交流				

第三步,对选定的学科按领域进行分解。如上例中"图形"主题被分解成"面积"和"体积"等内容。

第四步,依托学科素养或其子素养明确学科主题的应知所能。这其实就是确定出该维度下的内容标准,一般要写出具体知识点的要求。

第五步,在第四步基础上,确定出学生掌握这些应知所能需要达到的表现水平层级及其描述语、认知要求(认知要求渗透于表现水平描述语中,但未必呈现出来)，并用表现样例来配合说明。第五步其实可得到最终表现标准。

关于第三至第五步骤，不妨接着用上述案例做更具体说明。假设表3-7中"图形"对应的学科素养为"问题表征"，包含主题为"面积和体积"，内容标准和表现标准条目就可针对"面积和体积"进行描述。以"面积"为例，可用表3-8来具体呈现其内容标准与表现标准的一种可能形式。

表3-8 "面积"的内容标准与表现标准呈现形式：一个假想案例

内容标准：能计算常见图形的面积		
表现标准：		
表现水平(下列水平2可作为可接受的表现水平，其认知要求为"应用"，但未必注解出)		
水平1(具体描述略)	水平2(具体描述略)	水平3(具体描述略)
表现样例(略)		

如此一来，通过五个步骤，该学科素养模型的学科素养、学科主题、认知要求、表现水平、问题情境被内容标准的"能计算常见图形的面积"，表现标准的"表现水平层级及其描述语(认知要求已经渗透于表现水平描述语中)"、"表现样例"具体化了。关于该案例转化过程，可用下图做总结说明。

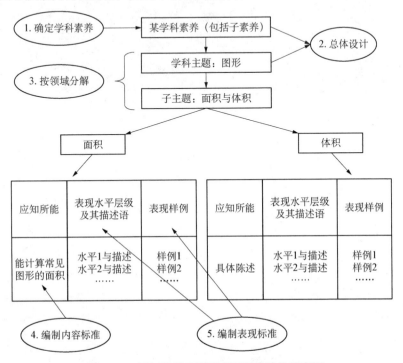

图3-11 图解学科素养到表现标准转化的案例

综观上文,在研制表现标准时学科素养模型发挥了两大作用：第一,架接了教育目的(目标)与表现标准,而教育目的(目标)为表现标准提供价值定位;第二,为编制表现标准提供参照框架。

最后必须指出的是,上文只是基于演绎展现出理想化的一般转化过程并做概括性说明,实际中学科素养模型到表现标准的转化过程未必如上所述那么完整,各国各地区各有特色,如果条件允许,有些标准可以非常精细,甚至会在表现水平后面注解出认知要求。此外,由于国情和时代有异,表现标准研制未必始于核心素养,有些国家或地区有可能始于内容标准、课程总目标或学科素养模型。

第四章 基于学科素养表现 标准的研制程序

不同国家和地区具有不同文化脉络与教育传统,在研制表现标准时表现出不同特点。但无论如何,研制表现标准总要回答谁来负责、具体由谁来做、需要多长时间与经费、需要什么样研制理路、研制的起点是什么、需要哪些研制步骤这样的问题。在我国几乎还没有研制表现标准经验的背景下,本章聚焦于研制程序,从组织架构、研制路径、研制流程三个方面展开探索,目的是从考察国际上表现标准研制经验中获得借鉴。由于当前许多国家的表现标准与内容标准基本是一体化研制,通常很难把表现标准研制单独抽离出来考察,因此在相关内容中将同时呈现内容标准与表现标准研制过程。

第一节 组 织 架 构

研制表现标准需要动员各个层面学生学业成就利益相关者,涉及教育系统内外参与者,也涉及人员的组织、任务与分工,自然也离不开充裕的时间与经费。

一、人员的组织

研制表现标准是国家或拥有教育独立权限地区的责任,一般由政府出面牵头组织,主管教育部门或主管教育的官员是主要人选。如 2008 年 12 月,在联邦政府教育大臣主持下,澳大利亚各州、地区教育部长聚首墨尔本,在通力协商和一致认同的前提下决定研制教育标准。① 同样,我国台湾地区评价标准的研制就由台湾当局教育主管部门出面主持。②

由于牵头主持的政府行政部门不具备研制表现标准的专业知识,因此研制工作往往会委托给相关政府教育专业部门或学术机构。如台湾当局教育主管部门就把评价标准研制任务委托给台湾师范大学办理,而澳大利亚教育标准开发工作主要委托给澳大利亚课程、评估与报告管理局(Australian Curriculum, Assessment and Reporting Authority, ACARA)。这些政府教育专业部门或学术机构接到任务后,都会成立不同的职能部门。如台湾师范大学在研制评价标准时成立了各学科工作小组,英国在研制国家课程时,资格与课程局(Qualifications and Curriculum Authority, QCA)曾是一股重要力量,其专门负责依据国家课程开展考试事项和收集与分析数据。③

表现标准的研制工作,大多积极吸收教育系统内外人士,参与人员来自社会各个层面。这些人员不仅包括专业人士,还包括社会大众。以澳大利亚为例,为吸引更多公众参与教育标准研制,除了直接参与教育标准研制的学科专家、课程专家、评价与测验专家、中小学教师外,整个标准研制工作专门开辟了相关网站,建立全国性论坛,公布教育标准草案供公众审核,同时开展了大规模访谈与问卷调查等公共咨询活动。

二、任务与分工

比较各国经验,尽管各国研制表现标准有不同做法,但在任务与分工上大多采取如下相似做法。④

第一,制订研制计划,确定相应负责人。研制计划实质就是总体设计,确定总体事宜与相应人员。相关事项可归纳如下:

---

① 台湾当局教育主管部门. 台湾中学学生学习成就评价标准(试行)[EB/OL]. (2012 - 12 - 12). http://140.122.106.29/index3.html.
② ACARA. Australian Curriculum [EB/OL]. (2012 - 05 - 11). http://www.acara.edu.au/home_page.html.
③ 张晓蕾. 英国基础教育质量标准《国家课程》及监控系统[J]. 全球教育展望,2012(5):42—48.
④ Hansche, L. N.. Handbook for the development of performance standards: Meeting the requirement of Title Ⅰ [R]. Washington, D. C.: Council of Chief State School Officers, 1998:37 - 40.

表 4－1　研制计划的制定及其负责人员

◎ 表现标准将用于什么方面：用来具体说明内容标准；告知公众关于学生的学习期望
◎ 选择哪种层面研制方式：国家层面；国家或地区层面；经由国家同意的地区层面
◎ 谁将参与研制工作：教育委员会；来自专业组织的成员；大众论证；政策制定者
◎ 以什么角色参与：撰写者；咨询者；核查者；最终权威拍板者
◎ 同一个人是否参与不同阶段(需确定指导者还是监督者身份)：规划；研制；回顾与修改；实施
◎ 需要哪些资源：专业人士；时间；经费；材料
◎ 谁来复核或评论表现标准：教育者；家长；商业领导；政策制定者
◎ 谁将采纳表现标准：国家教育部；地区教育局；立法部门
◎ 用什么方式公布表现标准：纸质文本；视听媒质；新闻媒体；因特网/电子媒体；学校/系统出版物

第二，草拟表现水平及其描述语、表现样例，确定谁将参与这项行动。该活动实质是编制表现标准的关键事件，包括如下事项：

表 4－2　表现标准草案的编制及其负责人员

◎ 怎样确定表现水平与描述语：明确表现水平层级；描述每个表现水平层级的要求
◎ 从哪里开始：采纳国家或地区表现标准；自发研制；改编现有表现标准
◎ 谁参与研制过程：教育者；家长；学科专家；了解多元化学习需要的专家；立法者；商业代表
◎ 采取什么程序撰写表现水平描述语：收集能拿到的最好样例；咨询专家；检视内容标准；检视已有评价资料；检视其他表现水平描述语来源；描述表现水平期望
◎ 如何选择表现样例：与教师合作，他们具有了解不同文化背景学生的教学经验；收集表现样例，样例应体现每个表现水平要求；参考现有表现样例；选择社区与学校代表性表现样例；确定并管理表现样例，或设计评价以选择样例
◎ 谁需要复查草拟的表现水平描述语：教师；管理者；家长；学生

第三，根据内容标准和表现标准设计考试评价。该任务主要是为验证、完善表现标准做准备，相关人员主要由考试命题专家与相关工作人员组成。

表 4－3　依据内容标准与表现标准设计考试评价

◎ 采纳何种评价系统：设计一个包含所有内容标准内容的系统；设计一个包含所有期望与想要的表现范围
◎ 使用什么类型评价：确定所需要的内容之深度与广度后，选择与内容匹配的评价方法，包括选择性与基于表现的方法、正式与非正式的方法、综合性的方法
◎ 存在哪些已有工具来评价与内容标准相关的学生表现：现有评价方法；然后确定其他评价方法
◎ 怎样研制评价任务：来自原始的、现成的、定做的试题
◎ 怎样确定学生达到内容标准要求：审查考试分数；核查内容标准的匹配性；核查表现水平描述语的匹配性；使用能引出学生产生不同表现水平的评价；编制能充分体现所有表现水平要求的描述语；确定学生是否有充分学习、展示的学习机会

第四，依据评价结果修改表现标准。该活动主要是基于上述考试评价分析结

果调整表现标准草案。

表 4 - 4　依据评价结果修改表现标准

◎ 谁有参与修改表现标准的机会：教师；管理者；学生；家长；大众；指导者；委员会成员

◎ 修改的依据是什么：评价结果；内容与评价的匹配度；描述语要求是否指向所有学生；学生实际情况与预想情况的对比；能清晰区分不同表现水平的描述语；对应每种表现水平的清晰描述语；区分不同表现水平交界处的清晰描述语

◎ 怎样利用表现样例：作为每种表现水平的锚点或范例；指向每个内容领域；指向各个表现标准；体现可用各种方式达到表现水平的要求；为每种表现水平提供固定、一致的参考点

三、时间与经费

研制表现标准并非儿戏，需要充足的时间与经费保障。充分的开发时间是确保表现标准质量的必要条件。如 ACARA 分两阶段开发教育标准，先是开发幼儿园-10 年级教育标准，然后再开发 11—12 年级教育标准。从时间跨度看，这场始于 2008 年的行动至今仍未结束。研制经费一般由政府专门拨款，ACARA 在开发教育标准时，对整体开发经费做出预算，甚至计算到每个阶段下的小阶段所需的经费支出。

第二节　研 制 路 径

综观当今各国情况，研制表现标准的路径存在三种类型，分别是先验路径（priori approach）、后验路径（posteriori approach）、整合路径。

一、先验路径

所谓先验路径，即从课程角度出发描述出学习结果。该思路基本过程是，组织者召集一批人员，提供学科内容标准或表现标准、学生往年测试表现信息等准备资料，责其依照相关内容撰写各种学习结果的表现特征。如美国马里兰州在 1993 年编制数学、阅读、科学、社会四门学科表现标准时，就参考了早期表现标准的相关材料。[1]

---

[1] Hansche, L. N. . Handbook for the development of performance standards: Meeting the requirement of Title I [R]. Washington, D. C. : Council of Chief State School Officers, 1998: 51 - 58.

先验路径能更好地从学科概念出发,紧扣学科结构体系,能很好地描述出想要的学习结果,不足之处是描述的学习结果可能是种理想化结果,缺乏实证支持,很可能脱离学生的实际水平。

二、后验路径

所谓后验路径,即从心理学测量角度出发归纳出学习结果。早期标准参照测验的表现水平划定基本可归入这种思路,其本质是评价驱动的模式。该路径的基本思路是,依据学生表现进行归纳,如把学生表现划分为若干等级,然后依据评价结果描述出对应等级的学生表现。20世纪90年代左右,不少国家采用这种方式。如法国就依据多年学业评价积累的数据库,确定出表现标准,然后实施表现标准,并根据实践反馈修正、调整表现标准。[1]

同样,澳大利亚维多利亚地区(Victoria)1989年的表现标准研制也是通过后验途径获得的,研制部分工作是获得并比较5年级与9年级学习成就水平。具体研制思路是,先设置评价题目,它由两部分组成,一是两个年级共同需要完成的题目,二是不同的题目,然后通过共同题目把两个年级学生的素养投射到同一素养标尺上。图4-1中,横轴上圆点代表同一题目,箭头代表不同题目,不同题目反映的学生素养被放置于20—60素养标尺上。

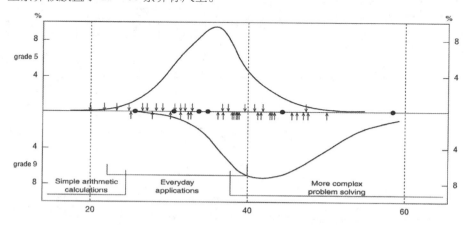

图4-1　澳大利亚维多利亚地区5年级与9年级学生数学表现分布

① OECD. Performance standards in the education: In search of quality [M]. Organization for Economic Co-operation and Development, 1995: 107 - 112.

这种处理办法是通过校准(Calibrate)方法获得,其背后的思想是运用项目反应理论中的连接技术(linking)。该思想并不神秘,为更好说明上述思想,不妨借用瑞安(J. M. Ryan)的例子来加以说明。[①]

假设 A、B、C 是两份 X、Y 试卷的 3 道共同题,即锚题。试卷 X 有另外 17 道题目,而在试卷 Y 中没有。通过转化,所有题目对应的素养值都被投射在坐标上,图4-2 中所示的 3 道共同题都位于原点(0)的左侧,也就是说这 3 道题的难度都低于试卷 X 的平均题目难度。

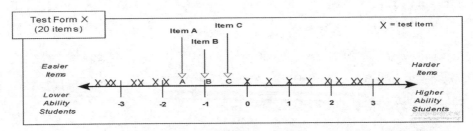

图4-2 连接技术说明一

另一份试卷 Y 题量为 20 题。在这个例子中,除了由题目 A、B、C 组成的共同题外,另外 17 道题目都与试卷 X 中的题目不同。在下图中,3 道共同题都位于原点(0)的右侧,也就是说它们的难度相对于整份试卷题目的平均难度要更高一些。

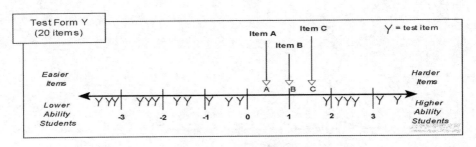

图4-3 连接技术说明二

上面两图表明,图4-2 中题目 A、B 和 C 的难度估计值分别为-1.5、-1.0 和-0.5,比整份试卷难度低 1.0,图4-3 中题目 A、B 和 C 的难度估值分别为+0.5,+1.0 和+1.5,比整份试卷难度高 1.0。由此可见,两份试卷的难度相差 2.0,我们

---

① [美]约瑟夫·M·瑞安.基于经典测量理论和项目反应理论的等值与连接[J].考试研究,2011(3):80—94.

把试卷 Y 当作原点,此时只要将试卷 X 的分数量表平移两个单位就可以等值到试卷 Y 的量表上去。通过调整,试卷 X 中锚题的平均难度现在也是＋1.0,也就是说与试卷 Y 中的共同题平均难度相等。更为重要的是,通过对共同题之间难度差距的调整,试卷 X 中所有的题目都等值到了试卷 Y 的量表上去。下图所示的即是这一过程的最终结果。

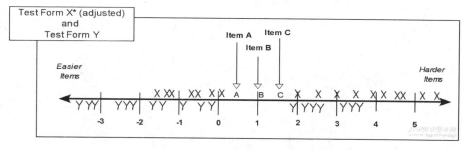

图 4-4　连接技术说明三

之所以不厌其烦地叙述该数学思想,不单是为了说明图 4-1,更重要的是想说明,评价技术的应用是实现后验途径的关键,它对表现标准研制,尤其是对包含较多内容或纵向上的表现标准能发挥巨大作用。正是通过如此设计,评价帮助研究者依据数据通过讨论确定出图 4-1 中素养值 35 为最终可接受最低水平,而且实现了不同年级之间的比较。推而广之,如果不同年份之间也是如此设计,就能比较不同年级学生学业成就之变化,从而不仅可以发现学生学习的序列性,也可以结合长期跟踪结果研制出合理的表现标准。

后验路径实施起来比较简便,能节省不少时间与经费,并能切合学生实际表现。如能合理运用测量技术,后验路径更是能发挥诊断不同年级之间的学习要求设置是否合理的作用。不足之处是有时限于试题抽样的内容范围,研制的表现标准不能涵盖所有学科内容,较少从教育目的与价值角度出发来思考表现标准的研制。

三、整合路径

正因为两种路径各有优势与局限,它们之间的融合成为共识。相关大型研究也指出,先验、后验路径的联合可以更好地服务表现标准研制。如 OECD 通过各国比较,认为先验与后验路径的联姻是 20 世纪 90 年代研制表现标准的最优化实践,并以西澳大利亚地区(Western Australia)表现标准研制为例加以说明。[①]

具体说来,西澳大利亚地区依据通过先验路径研制而得的国家学科表现标准命制试题并实施检测,最终依据评价结果研制适合本地区的表现标准。以数学空间(Space)为例,下文简要介绍如何通过评价调整表现标准。

在下图中,原先不同表现水平预设了对应试题,但通过学业评价获得正式数据后发现不少问题。如试题1.6原来锁定表现水平一,但发现它在表现水平二上,且比其他表现水平二对应试题难度还要大。这意味着试题1.6需要调整表现水平位置。

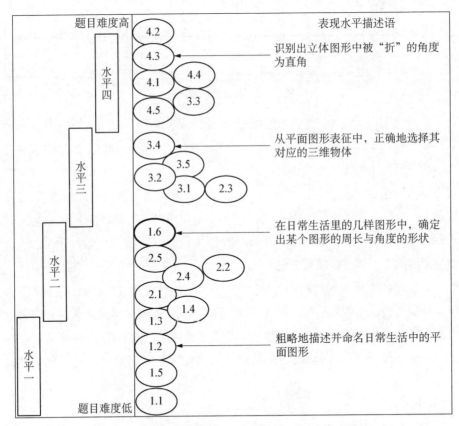

图4-5 通过学业测评分析表现水平设置合理性的示例

① OECD. Performance standards in the education: In search of quality [M]. Organization for Economic Co-operation and Development, 1995: 13.

如此一来,学业测评数据可以起到调整试题作用,也可以起到调整表现水平描述语内容的作用,因为数据可以表明这些描述内容所在的表现水平位置是否与实际学生表现相吻合。虽然表现水平的描述未必与学生实际表现完全一致,但如果相差太大,如达到最高水平的比例极少或极多,那么表现水平的描述语必须做出调整。①

第三节　研　制　流　程

据笔者所收集到的资料看,下述四个国家或地区的表现标准研制流程较为典型。这四个案例各有侧重,它们之间的区别并非绝对的,例如台湾地区评价标准虽然前期始于课程总目标,但在后期将因需要转向核心素养,且课程总目标可被视为核心素养的雏形。实际上,四个案例都需要通过学科素养来研制表现标准。

一、始于内容标准的研制流程:马里兰州经验

马里兰州开发表现标准主要始于之前的内容标准、表现标准,主要目的是研制数学、阅读、科学、社会四门学科在 3、5、8 年级的表现标准。编制表现标准时,计划用五等级描述表现水平,用关键行为来区分不同表现水平之间的差异,且从 3 年级开始研制。具体过程包括如下五个环节。②

环节 1:收集资料。这些资料包括往年考试材料、评分指南、州学生成绩、州内容标准等。

环节 2:培训撰写者。主要对 6 位撰写者开展为期 1 天半的两次培训。

环节 3:撰写表现水平描述语草案。撰写者在考察 1991 年以来的试题、评分指南,然后根据专业判断撰写各表现水平描述语。撰写过程由以下步骤构成:

——基于马里兰州内容标准,每个撰写者思考每个表现水平必须包含的知识、技能和过程的要求,并采用内容标准中的术语写下这些要求;接着描述每个表现水

① OECD. Performance standards in the education: in search of quality [M]. Organization for Economic Co-operation and Development, 1995: 41.

② Hansche, L. N.. Handbook for the development of performance standards: Meeting the requirement of Title I [R]. Washington, D. C.: Council of Chief State School Officers, 1998: 51 - 52.

平必须具备的特征及区分不同表现水平的特征;最后补充其他思考结果;

——完成第一个步骤后,撰写者一起总结、写下每个表现水平特征;用内容标准中的术语规范表现水平描述语;讨论来自委员会的反馈,写下相关评论和观察结果,并思考哪些信息有助于理解不同表现水平的特征;

——完成上述两个步骤后,重复相关行为以研制5、8年级的表现标准;

——完成各个年级表现标准研制工作后,同时核查所有年级的表现水平描述语;审视各年级之间表现水平描述语的一致性和发展性;结合撰写要求完善最终表现水平描述语。具体撰写要求有:用正面语言描述;采用内容标准中的术语;表现水平描述语的组织、语言、风格一致;用清楚、准确的语言撰写,不使用不可测量的语言;基于表现水平特征来写,如果某学习结果不隶属于该表现水平,就不能用内容标准中的术语来描述。

环节4:筹建顾问委员会Ⅰ。挑选顾问委员会,要求这些成员必须经过大量培训,并在相关学科领域、相关年段具有丰富的经验。这些委员的任务是审查上述研制程序与结果,为撰写者提供反馈信息。

环节5:由于顾问委员会Ⅰ在规定时间没有完成任务,所以州教育部决定再成立一个顾问委员会Ⅱ,其任务是审查阅读、数学、科学、社会四门学科的表现水平描述语。

二、始于学科素养模型的研制流程:瑞士经验

瑞士科学教育标准(2007)研制主要是从科学素养模型开始,其研制流程包括如图4-6所示的相互循环的四个基本环节。[①]

在第一个环节,先是基于全国26个地区科学学科调查与研究明确科学素养模型,然后据此研制规范化科学教育标准。在第二个环节,依据科学素养模型开发测试任务或题目;在第三个环节,开展大规模测试;在第四个环节,依据测试结果修改科学素养模型并最终确定科学教育标准。

在科学教育标准研制过程,确定科学素养模型是关键所在。据"哈默斯科学"

---

① Labudde, P.. How to develop, implement and assess standards in science education? 12 challenges from a Swiss perspective [C]. In D. J. Waddington, P. Nentwig, & S. Schanze (Eds.), Make it comparable: Standards in science education. New York, NY: Waxmman, 2007: 277 - 301.

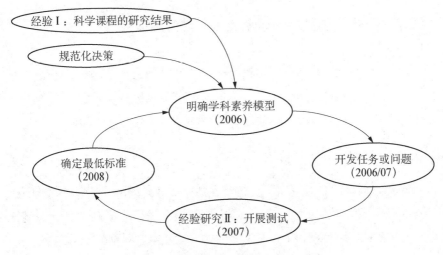

图4-6 瑞士科学教育标准的开发过程

(Harmos Science)委员会的解释,确定科学素养模型需要综合考虑如下因素①:

学科本质:科学素养模型需要从科学立场来思考,科学课程总是离不开提出假设、展开探究、实验验证、获得证据、交流结果等要素。

学习者特征:科学素养模型可覆盖整个中小学范围,但需要考虑不同年段学生的心理特征,如对于低年级的学生可能只学习其中部分科学学科素养,对应的学科内容往往是比较直观感性的。

各种实地基础:这包括科学课程实施的自身基础,如学科目标、当前实施的课程内容、教学方法、科学教师的专业素养、在职培训的可能性、每周课程的节数,以及可使用的教学材料。

国际发展趋势:确定科学素养模型需要考虑当代社会要求。在当前全球化背景下,不得不考虑最新国际发展趋势,需要参考国际科学教育发展研究成果。

综合考虑教育理想和现实:科学素养模型在一定程度上是人为构思,未必是完美的,需要经验研究来支撑,是一种不断调整和完善的过程。如伴随着经验结果的新发现,认知要求也需要加以调整。在这当中,特别需要测量专家的技术支持。

---

① Labudde, P.. How to develop, implement and assess standards in science education? 12 challenges from a Swiss perspective [C]. In D. J. Waddington, P. Nentwig, & S. Schanze(Eds.), Make it comparable: Standards in science education. New York, NY: Waxmman, 2007: 283 - 284.

三、始于课程总目标的研制流程：台湾地区经验

我国台湾地区近年来紧跟国际教育发展潮流，非常重视教育标准，先后研制了素养指标、评价标准。由于之前已经研制而得的素养指标直接来自课程总目标，因此在这个意义上，评价标准的研制可视为始于课程总目标。[①]

（一）评价标准的研制背景

1987 年之后，台湾地区多元开放的步伐急剧加速。1990 年代以来，全球化、知识经济、终身学习等观念更使得教育不得不因应变化进行改革。为此，台湾地区提出九年一贯的课程总目标和十大基本素养。十大基本素养是公民所需基本素养，包括了解自我与发展潜能；欣赏、表现与创新；生涯规划与终身学习；表达、沟通与分享；尊重、关怀与团队合作；文化学习与国际了解；规划、组织与实践；运用科技与信息；主动探索与研究；独立思考与解决问题。在十大基本素养进一步引领下，开辟了语文、数学、健康与体育、社会、艺术与人文、自然与生活科技、综合活动七大学习领域，并为每个学习领域下具体学习主题或内容配置了相应分段素养指标，分段素养指标实质是对十大基本素养的转化。

实现从素养指标到教师专业实践仍需要对指标做进一步分解或转化，或者说教师还缺乏可借鉴的评价标准，下述实践问题更是要求素养指标做出改变：教师没有建立培养不同素养的方法；缺乏自身的学习理念，外部考试成为主要引导；市场上参考书和测验卷盛行，教师对课纲了解不深入，教师评价素养不足。面对上述问题，加上受当今国际基于标准教育的影响，台湾当局教育主管部门希望，借助评价标准带动考试和评价的改革；以评价标准为核心，带动学校评价和外部考试的改革；以评价改革带动教育改革。实现这些政策设想首要之事是在素养指标基础上，对其加以细化，使之成为可操作的教学依据。

（二）研制规划

评价标准包括内容标准与表现标准，并配置了相应作业样例及评分规则，它们

[①] 本案例来自下述资料的整理，其中"能力"相当于"素养"。具体参见：台湾当局教育主管部门. 台湾中学生学习成就评价标准(试行)[EB/OL]. (2012 - 12 - 12). http://140.122.106.29/index3.html.

构成了一个整体。评价标准研制由台湾当局教育主管部门牵头,具体专业事宜交付台湾师范大学负责,研制规划总共包括五个阶段,相关要点如下:

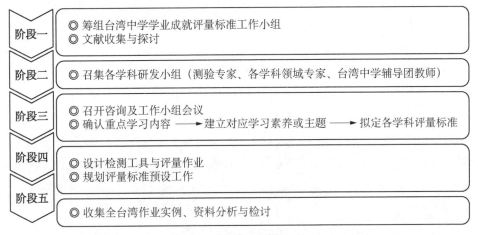

图4-7　评价标准的研制规划

(三) 具体订定过程: 从素养指标到作业范例

各门学科评价标准大致采取如下图所示的研制过程。下文主要以语文科为例介绍相关内涵,个别地方将穿插其他学科案例做说明。

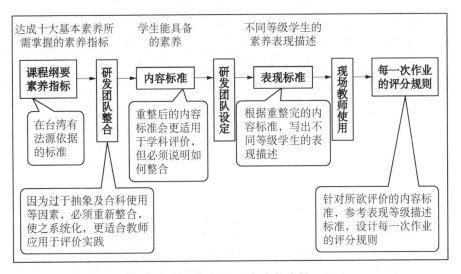

图4-8　学科评价标准的建置

1. 开发依据。

开发评价标准的直接依据为《中小学九年一贯课程纲要语文科学习领域》(以下简称《语文科课纲》)"分段素养指标",并参考台湾当局教育主管部门审查通过的各版初中教科书内容。

2. 采取跨年评价标准。

语文科评价标准采取三年共用原则,其原因如下:就课纲的架构而言,《九年一贯课程纲要》的语文科学习领域,将初中七至九年级视为一个阶段,素养指标的内容是针对整个阶段作描述;就语文科的学习进度与课纲的内容而言,在初中阶段较着重文意理解、综合应用的素养,其表现较难根据年级描述其差异,故适用同一套评价标准;就教材而言,各家版本在课文的选编上并无明显的排序原则;之所以采取分学段撰写,还有一个重要原因来自语文科的学科设计特征——其课程设计是螺旋式安排的。

其他学科则视具体情况采取跨年或分年评价标准。如公民科评价标准采取分年级的形式,主要因为在《中小学九年一贯课程纲要社会学习领域》"七至九年级基本内容"中,学生在不同年级所学习的知识领域不同,各领域所侧重的知识要点存在明显差异,故以分年陈述的评价标准,较能适切反映学生在各领域所学的知识内容与素养的差异。

3. 订定内容标准。

这主要分为拟定主题与次主题。主题拟定乃根据《语文课纲》指示,原语文科分段素养指标包含六项主题:注音符号运用素养、聆听素养、说话素养、识字与写字素养、阅读素养、写作素养。考虑到教师教学现场的实际操作需要,加上"注音符号运用素养"与"识字与写字素养"皆为"阅读"及"写作"素养的基础,所以将它们并入"阅读"及"写作"素养。再者,"聆听"与"说话"是语言输入及输出的完整过程,二者均以"语音"作为传播媒介,故将该二项素养合并。由此,语文科的学科主题有三:阅读素养、写作素养、聆听与说话素养。

次主题的拟订乃依据《语文科课纲》"实施要点"的学习评价原则,并结合学科教授与初中教学现场教师的咨询意见加以修整。以主题阅读素养为例,《语文科课纲》所列举的评价原则有四:文字理解与语词辨析;文意理解与大意摘取;统整要点与灵活应用;内容深究与审美感受。台湾师范大学心测中心参照学科教授与教学现场教师的意见,将阅读素养次主题整合为三,亦即语文知识、文意理解、综合评鉴。

为更具体说明上述从素养指标至内容标准的订定过程,表4-5以主题阅读素养及其对应分段素养指标为例做说明,其中编码 1 - 4 - 1 等为原分段素养指标代码。

表 4 - 5　阅读素养与对应分段素养指标(7—9 年级,节选)

主题	次主题	语文学习领域分段素养指标
阅读素养	语文知识	1 - 4 - 1 能运用注音符号,分辨字词音义,增进阅读理解; 4 - 4 - 1 能认识常用汉字 3 500 - 4 500 字; 4 - 4 - 2 能运用字辞典,成语辞典等,扩充词汇,分辨词义; 5 - 4 - 1 能熟习并灵活应用语体文及文言文作品中词语的意义

　　结合对应素养指标,语文知识、文意理解、综合评鉴三项可进一步分解出相关子题,如语文知识可由汉字的形音义、词语意义、语法、文化先备知识四项构成。这些次主题之间顺序是以认知素养由低至高排序的(即记忆、理解、高层次阅读素养)。语文知识内的字、词、语法、文化先备知识等,是文意理解素养的基础;而高层次的综合评鉴素养则需文意理解素养作为前导。如此一来,阅读素养内容标准可整合为下表,其中每项子题的认知素养大致也由低至高排列。

表 4 - 6　阅读素养的内容标准(7—9 年级)

语文知识	文意理解	综合评鉴
◎ 汉字的形音义 ◎ 词语意义 ◎ 语法 ◎ 文化先备知识	◎ 提取信息 ◎ 理解文本 ◎ 指出写作目的或观点 ◎ 分析文本脉络	◎ 整合、比较文本或不同文本间的异同 ◎ 评鉴文本内容 ◎ 评鉴文本形式 ◎ 指出文本反映的文化、社会现象

　　4. 订定表现标准。

　　表现等级基本订为 A—E 五级,以 C 等级作为通过的最低要求,一般在编制表现标准时先从它开始研制。不同等级代表意义如下:A 表示"优秀";B 表示"良好";C 表示"通过";D 表示"不足";E 表示"落后"。表现标准由学科研究员依照内容标准,将分段素养指标加以整合,对应欲区分的表现等级草拟表现水平描述语,并经测验专家、学科教授及中学辅导团教师的讨论和修正。从实际情况看,表现水平描述语初步完成并不容易,需要经过多次讨论与争辩,有时难以取舍时不得不通过投票方式来决定采取什么样的表现水平描述语。

　　具体撰写时,先罗列出主题—次主题—子题顺序,然后按照次主题—子题的素养高低顺序进行排列。如对于阅读素养主题,其表现标准细目如下:

表 4-7　阅读素养表现标准的撰写细则(7—9 年级)

内容标准	表现标准细目	相关说明
语文知识	1.汉字的形音义;2.词语意义 3.语法;4.文化先备知识	排列原则:由最基本的字、词开始,再扩展至语法、文化先备知识
文意理解	1.提取信息;2.理解文本;3.指出写作目的或观点;4.分析文本脉络	排列原则:由低层次的提取信息素养至高层次的分析文本素养
综合评鉴	1.整合、比较文本或不同文本间的异同;2.评鉴文本内容;3.评鉴文本形式;4.指出文本反应的文化、社会现象	排列原则:第 2、3 点为评鉴素养;第 4 点是针对高素养的学生所写,希望他们能结合语文知识,看出作品与时代间的关联

撰写过程借助了程度副词来描述各级表现水平。如表 4-8 各个维度应用了"能"、"大致能"、"仅能做到部分"等程度副词来描述不同等级学生的表现。按相关解释,运用程度副词为大原则,但无法适用于所有描述。下表中有些维度未必条目一致,如"综合评鉴"水平等级 A、B 与水平等级 C、D 包含的条目不同,而且水平等级 B 的第三条没有用程度副词来说明它与 A 的差异,而是少了一条要求"**并说出其依据和理由**"。

表 4-8　阅读素养的表现标准(7—9 年级,节选)

	A	B	C	D	E
综合评鉴	1.能整合、比较文本或跨文本间的重点与支持细节,并提出个人观点与证据 2.能评鉴文本的逻辑连贯性,或论据、实例的适切性,**并说出其依据和理由** 3.能指出并评鉴文本形式的特色与达到的效果,并评论其适切性 4.能指出文本如何反映文化与社会现象	1.能整合、比较文本或跨文本间的重点与支持细节,并提出个人观点 2.能评鉴文本的逻辑连贯性,或论据、实例的适切性 3.能指出并评鉴文本形式的特色与达到的效果 4.能简单指出文本如何反映文化或社会现象	1.大致能整合、比较文本或跨文本间的重点与支持细节,并简单提出个人观点 2.大致能评鉴文本的逻辑连贯性,或论据、实例的适切性 3.能概略地指出或简单评鉴文本形式的特色	1.仅能有限地评鉴文本的逻辑连贯性,或论据、实例的适切性 2.仅能粗浅地指出文本的基本形式	未达到 D 级

与语文科相似,其他学科也通过整合素养指标来研制表现标准。与语文科略微不同的是,其他学科更多地运用认知维度并非程度副词维度来描述表现水平。如公民科的表现等级是根据 2001 年版布卢姆教育目标分类系统进行分级,其认知要求对照如下：A 表示具有"应用及以上"的素养;B 表示具有"理解"的素养;C 表示具有"记忆"的素养;D 表示"仅能记忆部分概念";E 表示"未能记忆相关基本概念"。

5. 订定作业示例与评分规则。

从实际情况看,作业示例与评分规则(合称作业范例)实际包括四大部分：评价任务、对应评价任务的评价目标、评价任务的评分规则、达到不同评分规则水平的学生作品。

表 4-9　学生作业范例(7 年级)

评价任务

请阅读以下诗文：(甲)故人西辞黄鹤楼,烟花三月下扬州。孤帆远影碧山尽,唯见长江天际流。

(乙)月落乌啼霜满天,江枫渔火对愁眠。姑苏城外寒山寺,夜半钟声到客船。

请比较甲、乙二诗的写作手法,在答案卷的表格上圈选答案,并从诗中找出支持的细节。

评价目标：本示例针对语文学习领域中的阅读素养主题下的综合评鉴次主题,旨在评价学生是否能指出文本形式,并说出依据及理由。

评分规则与学生作品

A 等级	B 等级	C 等级	D 等级	E 等级
能正确圈选表格。能正确且完整地指出支持的细节	能正确圈选表格。能正确且完整地指出支持的细节,但有少部分不恰当或不完整	能正确圈选表格。大致能指出支持的细节,但有部分不恰当或不完整	能正确圈选表格或表格圈选有部分错误。仅能有限地指出支持的细节	表格圈选有部分错误。支持的细节完全错误,或未作答

A 等级学生表现示例一1

上表中学生作业范例的获取途径来自两大方面。一是来自校外基于标准评价中的学生表现样例;二是公布初步评价标准后,来自于课堂教师实施评价标准过程产生的学生作品与评分规则。这两个途径实质是检验、改进、推广评价标准。

(四) 评价标准的后续可能发展动向

从最新消息看,评量标准研制可能发生新的变化。这一方面是由于课程总目标与评价标准联系不是很紧密,有必要再具体化课程总目标。另一方面,受当今世界各个国家与地区影响,台湾地区建置了核心素养,期望在其统领下重整原来的课程。[①] 在下表中,各门学科各自"领取"了核心素养的相应子项。

表 4-10　台湾地区核心素养在各门学科中的分布

核心素养 学习领域	A 沟通互动			B 社会参与			C 自主行动		
	A1 语文表达与符号运用	A2 资讯科技与媒体素养	A3 艺术欣赏与生活美学	B1 公民责任与道德实践	B2 人际关系与团队合作	B3 国际理解与多元文化	C1 身心健康与自我实现	C2 系统思考与问题解决	C3 规划执行与创新应变
数学	✓							✓	
自然与生活								✓	
艺术与人文			✓			✓	✓		
国语	✓				✓				
英语	✓					✓			
社会		✓		✓		✓		✓	

在上述核心素养指引下,为了使学科目标指向更加明确、集中,各门学科纷纷概念化出学科素养。以高中数学为例,其六种学科素养如下表所示:

表 4-11　台湾地区高中数学素养

1.具备演算、抽象化、推理、连接、解题沟通等数学素养;
2.运用数学符号进行逻辑思考与分析;
3.运用数学运算解决问题;
4.以数字、数学符号与图表做系统思考、统计与评估;
5.利用数字、数学符号或图表建构问题架构;
6.应用数学解决问题并于日常生活中进行学习的迁移

---

① 蔡清田,陈兴延,等. 中小学课程相关之课程、教学、认知发展等学理基础与理论趋向[R]. 台北: 台湾教育研究院,2010.

确定出学科素养后,依据学科素养统整原来的素养指标与学科内容。同时,为便于落实学科素养至各学科领域,研究团队为各门学科素养配置了格伦兰(N. E. Gronlund)认知目标分类,然后结合学科内容或主题描述出学习水平。虽然相关文本并没有明确提出学科素养模型,但如此操作已经体现出学科素养模型思想。由此可以推测,今后评价标准研制极有可能将围绕核心素养与学科素养模型展开新行动。

四、始于核心素养的研制流程：澳大利亚经验

澳大利亚教育在国际上一直享有盛誉,其中小学教育标准融合了内容标准与表现标准,教育标准研制独具特色。[①]

(一) 教育标准的研制背景

20 世纪 50 年代,澳大利亚开始积极参与国际有关学生学习研究项目。1976年,当局以抽样方式调查学童的文化素养和计算素养。第一次全国性调查发生于1990 年,评价指向为文化素养和计算素养。在 2005 年中期,联邦教育部决定开展全国性教育调查,以便比较不同州、地区的教育质量。比较教育质量需要共同标尺,一种合理选择是统一教育标准,并使用统一测验。2007 年,联邦大选中反对党许诺将支持建设英语、数学、科学、历史四门全国性课程。选举获胜后,执政党于2008 年成立全国课程委员会(下文简称委员会),逐渐开发地理、艺术等学科,目前教育标准仍在开发之中。

(二) 设计路线：从核心素养到表现样例

澳大利亚从幼儿园至 10 年级的课程设置完整而精致。在上位概念上,国家想培养的公民是：成功的学习者、自信而创新的个体、积极而有文化的公民。该公民形象进一步由七项核心素养勾勒出来,分别是：文化素养;计算素养;信息、交流与技术素养;批判与创造思维素养;个人与社会素养;道德行为素养;多元文化理解素养。

---

① ACARA. Australian Curriculum [EB/OL]. (2012 - 05 - 11). http://www.acara.edu.au/home_page.html.

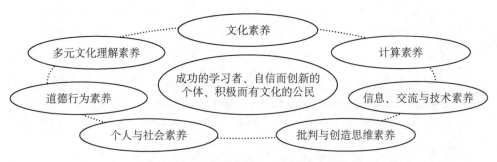

图 4-9　体现澳大利亚公民形象的核心素养

　　教育标准研制就始于这些核心素养。为达成核心素养,开设了英语、数学、科学和历史、地理、语言、艺术、经济学、商业、公民与公民职责、健康与体育、设计与技术等学习领域。核心素养渗透于这些学习领域中,如"个人与社会素养"在 10 年级英语学科中的表现为:在不同历史、社会、文化背景下,比较、评价系列个体与群体代表。每门学科都非常讲究学科素养,如数学课程由三条内容线和四条素养线交互构成。[①] 三条内容线指数字与代数、测量与几何、统计与概率;四条素养线指理解(understanding)、流畅(fluency)、问题解决(problem solving)和推理(reasoning)四项学科素养。素养线贯穿于三条内容线包含的数学内容,巩固内容线所含内容的数学性,表示内容的组织和发展方式,使数学学习的各种方法得以包含在数学内容中。

　　就教育标准构成内容看,每个学习领域基本可用六项内容加以描述,下文以 2 年级科学课程为例做一说明(见表 4-12)。

表 4-12　澳大利亚国家科学教育标准要素(节选)

科学学科目的	理解重要科学概念、科学发展进程、科学对于文化和社会的贡献,参与当地、国家、全球性议题,并做出自己判断; 体验科学探究发现的喜悦,养成对自然的好奇心,形成批判性和创造性思维技能,通过科学方法的运用能提出问题和做出基于证据的推论
科学学科目标	● 发展学生对科学的兴趣,拓展他们的好奇心和意愿,以便探索、质疑、思索他们生活中的变化世界; ● 理解生物世界、地球及其在宇宙中的位置,以及用以解释物质运动的物理和化学变化;

① 夏雪梅. 澳大利亚国家学业质量标准的设计与反思[J]. 全球教育展望,2012(5):49—54.

	● 掌握科学探究的本质,形成运用科学探究方法的能力。这包括提出问题、计划、实验、基于伦理的调查、收集和分析资料、评价发现的结果,并做出基于证据的结论; ● 交流科学理解和发现,应用证据来验证观点,并评价、讨论科学议题和主张; ● 能解决实际问题,思考科学应用对现在和将来的伦理和社会的影响,并做出基于证据的判断; ● 理解历史和文化对于科学进程、当代科学主题、活动方式的作用,以及与科学相关的职业多元性; ● 掌握坚实的生物、化学、物理、地球与宇宙的基础知识,这包括选择、整合科学知识以及解释和预测现象的方法、将科学应用于新情境和背景、感受科学知识的动态变化特征
科学学科学习领域	(一)对科学的理解:生物;化学;物理; (二)作为人类行为的科学:科学本质与进展;科学的应用与影响; (三)科学探究技能:提出问题与假设;计划与执行;收集并分析数据与信息;评价;交流
年级水平描述	科学理解和作为人类行为的科学相互交织,学校与教师可参考《成就标准》所罗列的学习期望。科学探究技能也是2年级科学重要内容……。从幼儿园至2年级,学生能认识到可以通过组织开展各种方式的观察,而且观察能用于预测现象。在2年级,学生能描述简单系统的组成……
内容描述与细化	2年级科学内容包括三个部分:科学理解、作为人类行为的科学、科学探究技能,每部分又划分不同主题,并进一步描述出每个主题要求。如"科学理解"被分为动物、化学、地球和空间、物理。其中"动物"的要求是:生物会成长、改变,并有和它们相似的后代。这部分又细化为:1.描述出个体出生后的成长和变化;2.认识到生物具有可预测的发展阶段;3.探究动物(如鸡蛋、毛虫、蝴蝶)不同阶段的特征;4.通过观察了解所有动物都有后代,通常有上代双亲
成就标准与表现样例	2年级结束后,学生能描述物体、材料和生物的变化。他们能认识一些材料,认识到不同资源有不同用途,并能举例说明科学在人们日常生活中的应用。学生对探究过程提出问题,预测调查结果。他们能使用非正式测量工具进行观察并进行比较。在他人指导下,学生记录并呈现观察结果,并与他人沟通自己的想法

第一项内容是关于科学课程需要培养学生什么方面的素养,相当于学科目的,这包括理解重要科学概念、科学发展进程及科学对社会与文化的贡献。

第二项内容是科学学科目标,如发展学生对科学的兴趣,拓展他们的好奇心和意愿,探索、质疑、思索生活中变化的世界。

第三项内容是科学学习领域,这包括科学理解、作为人类行为的科学、科学探究技能三项主题,每项主题又可再细分。

第四项内容是年级水平描述,相当于年级学习目标,包括学习内容与学习要求。如2年级的学习内容包括科学理解、作为人类行为的科学、科学探究技能。

第五项内容是内容描述与细化,实质是对年级学习目标的进一步描述,可视为内容标准。如"科学理解"被分为动物、化学、地球和空间、物理,其中"动物"的要求是:生物会成长、改变并有和它们相似的后代。它们又细化为:描述出个体出生后的成长和变化;认识到生物具有可预测的发展阶段;探究动物(如鸡蛋、毛虫、蝴蝶)在不同阶段的特征;通过观察了解所有动物都有后代,通常常有上代双亲。

第六项内容是成就标准,它相当于表现标准,是对第五项内容的进一步细化,并配置了表现样例与说明,以此来具体说明学生对第五部分需要学到什么程度。

(三) 具体研制过程

究其实质,澳大利亚教育标准开发主要是确定各门学科的六项要素,其中成就标准、内容描述与细化整合于整个教育标准开发过程。教育标准开发过程主要包括四个相互交织的阶段。

1. 构思教育标准阶段。学科教育标准设计阶段形成幼儿园至10年级课程大纲与学习领域(高中两年计划在后续开发),明确学习领域结构与组织,以用于指导教育标准的研制。该阶段由三个步骤构成:

第一,明确关键议题与计划书。主要事项包括:确定委员会委托的议题,成立课程执委会、审议小组;背景审核、分析并回顾国内外现有政策和实践;整理、审视不同州/地区/国家相关学习领域的教育标准;准备意见书,上交给委员会。

第二,准备初始计划书。这个步骤需要回答如下问题:该学习领域的学习目的是什么、学习目标是什么;教师和学生需要了解该领域哪些大观念,知识、技能、理解力的本质是什么;学科内容是如何在幼儿园至10年级中得以组织,如何组织高中阶段(2年)课程结构,成就标准如何对核心素养做出贡献,澳大利亚教育标准成为世界一流教育标准的关键是什么,未来或当代定位是什么。完成初始计划书后,向成立的全国性论坛、课程专家、专业协会、学科权威咨询意见。

第三,准备和公布草案。该步骤需要包含如下规划:撰写学科教育标准草案,针对教育标准草案展开广泛咨询,依据咨询回馈调整草案,为咨询中产生的特别议题提供反馈联络方式,以及公布如何解决这些议题的最佳方式;向委员会提交草案和咨询报告,获得批准后公布学科教育标准;向联邦、州、地区教育部长、课程与学校领导做简要陈述报告,强调咨询中产生的议题在准备过程和实施过程将会被考虑;最后在 ACARA 网站上公布学科教育标准草案、咨询报告、教育标准开发时间表。

2. 撰写教育标准阶段。该阶段最终目的是确定学年开发内容范围与系列、内容描述与细化、成就标准,撰写过程须咨询审议小组、专业协会、课程专家。完成教育标准草案后向教师、关键利益群体进行大面积咨询,然后依据咨询回馈调整草案,为咨询中的特别议题提供反馈联络方式,并公布解决这些议题的最佳方式。接着为成就标准收集学生作品,通过借鉴国际上一些教育标准设置最低可接受要求,并在全国范围的试点实验教育标准草案。最后,基于试点学校的反馈信息修改草案,获得委员会签名后向联邦、州、地区教育部长、课程与学校领导陈述报告,并在 ACARA 网站公布陈述报告及学科教育标准。

在撰写教育标准阶段,内容描述和成就标准是一体化研发的,撰写者基本是同一批人。依 ACARA 的意见,成就标准分为 A - E 五个等级,从 2012 年笔者检索的结果看,成就标准只呈现 C 级水平。撰写成就标准的具体要求包括:

表 4 - 13　撰写成就标准的要求

◎ 参考内容描述的内容与范围,成就标准与它们保持一致;依据咨询回馈,在共识基础上修改成就标准

◎ 考虑学生在学习领域的学习发展研究;分析州/地区、全国学生成就数据库,以获得学生在核心概念、技能、理解力方面的发展顺序,以及学生在门槛线上展现出的核心概念、技能、理解力的典型经验信息

◎ 确定成就标准中的核心概念、技能、理解力,它们是跨越不同学年的

◎ 获得不同年级的学生作品,并能进一步获得所需学生作品

◎ 每年份内容需对应每年的成就标准;纵跨 2 学年的学习领域,其成就标准内容也应纵跨 2 学年

◎ 确保成就标准描述的适当性,每个学年成就水平都需要接受一次考试

◎ 成就标准分别强调技能与理解。理解的描述指向"怎么做"而不是"是什么"

◎ 成就标准不应重复内容描述,这是基于这样的假设——成就标准乃依托于背景与该学年所学的知识

◎ 撰写每条成就标准时,要思考"我是怎么知道的",也就是说,如何有效地用证据来表征成就标准

◎ 撰写成就标准应统一如下格式:用"截至某某学年"开始撰写;避免在描述中出现例子;使用直接明了的语言,并删除不必要的词语,如"能(is able to)";不要使用布告式点状呈现方式

3. 预备、实施教育标准阶段。在正式大范围实施教育标准前,需要做相关准备工作。对于 ACARA 来说,主要事项有:召开教育标准会议,强化关键工作和意图,为学校实施标准做准备;收集学生作品,使得成就标准更好地得到清晰表述;收集、整理、分析教育标准使用情况,并向委员会做常规报告,然后确定出后续修订教

育标准需要考虑的议题。对于中小学学校领导来说,需要考虑到外部需求和当地课程的更新情况,确定实施教育标准的时机。同时在教育标准准备和实施过程中,为教师提供学习机会以便教师能更好实施教育标准。

4. 课程管理、评价与回顾阶段。该阶段将对教育标准实施情况和实施中产生的议题开展阶段性回顾,以确保教育标准得到修订。其主要任务是:针对现行教育标准阶段性地咨询教师和关键利益群体,确定将来需要调查的议题;常规性回顾相关文献和国际实践,以比较现有国内实践与其他国家实践;向委员会就相关议题做常规报告。在这当中须采取外部测验、校内评价等多种数据收集方法,使得教育标准的完善是基于证据的。

第四节　比较与借鉴

上文表明,不同国家和地区在研制表现标准时,遵循不同的路径,采取不同的策略。本节将通过先比较这些经验,再结合我国实际,从中获取相关有益的洞察与启示。

一、比较

基于上文表现标准研制的组织架构、研制路径、研制流程的分析,下文对各国和地区在这三个方面的做法做一比较。因资料收集所限,仅选择了资料比较齐全的国家或地区进行比较。

表 4 - 14　表现标准研制程序的比较

	台湾地区(2011)	澳大利亚(2008)	瑞士(2007)	德国(2003)①	马里兰州(1993)
执行机构	台湾师范大学	澳大利亚课程、评估与报告管理局	"哈默斯"科学委员会	国家教育质量发展研究所	州教育部

---

① Eckhard, K., Hermann, A., Werner, B., et al.. The development of national educational standards: An expertise [R]. Bonn: Federal Minister of Education and Research (BMBF), 2004: 15 - 60.

续 表

	台湾地区(2011)	澳大利亚(2008)	瑞士(2007)	德国(2003)	马里兰州(1993)
参与人员	教育系统内外	教育系统内外	教育系统内外	教育系统内外	教育系统内
研制路径	整合路径	整合路径	整合路径	整合路径	先验路径
研制流程	前期始于课程总目标,后期将始于核心素养、学科素养模型;多阶段推进流程	始于七大核心素养与学科素养模型;非线性四阶段流程	始于科学素养模型;循环式的开发流程	始于教育目的与学科素养模型;不断调整的反复过程	始于原有内容标准,教师接受培训后开展比较简单的编制表现标准活动

二、借鉴

通过以上综合比较,可以发现表现标准的开发需要严密而规范的程序,从中我们可得到如下几个方面的借鉴。

第一,在组织架构方面,应由专业部门或学术机构负责,广泛吸收教育系统内外人员参与,尤其需要教师参与。

通关比较分析,我们发现,表现标准研制需要强大的专业知识的支持,研制工作通常由国家委托给相关专业部门或学术机构。从委托方式看,政府有四种选择:政府自己做、政府购买、政府招标、政府委托。基于我国现实情况,前两者不大现实,后两者相对可行。在后两者中,政府委托方式是通用做法,但可能造成各家"轮流坐庄"的现象,从竞争机制角度看,应在政府招标方式上加大力度。

这些专业部门或学术机构基本都设置了评价部门,如 ACARA 本身就是一个融课程开发与评价为一体的机构;德国国家教育质量发展研究所的核心任务是规范和检验教育标准,另一个重点任务是用标准化的考试任务来建立试题库,以评价学生成绩,支持素养建设和结果取向的教学变革。如 2006 年开始的测试工具的标准化和规范化,主要是由国家教育质量发展研究所来落实。可以说,当今多数国家或地区基本都是靠评价来引领国家或地区的课程改革,把教育标准开发与基于评价监控课程实施纳入统一框架。这一点非常值得我国借鉴,建议将来在表现标准研发机构内建设一支课程评价专业团队,实现通过评价收集表现标准研制所需的实证数据,同时通过评价来引领各省、地区的课程改革。

　　各国或地区研制表现标准都非常关注社会不同人员的参与,这实质涉及课程民主化要求。这是因为表现标准事关社会所有人的利益,要获得支持就必须让他们有机会参与发声。对我国而言,研制表现标准应尽量公开化,通过各种形式来吸引社会大众参与,在这当中尤其需要中小学教师的参与。这是因为表现标准研制实质是教育变革的一部分,需要把研制过程作为教师理解、接受表现标准的过程。若要使改革成功,首要之事是让教师熟悉、接受表现标准。以往课程改革大多把教师作为教育产品的被动接受者,错误地认为改革是线性的,即研究人员自行生产产品,然后通过行政方式来推广改革。因此,若想使表现标准得以顺利实施,就必须让实践者教师感到自己拥有这个标准,这样他们才会实践新标准。而让教师产生这种拥有感的一个必备条件,就是让他们有机会参与制订表现标准。

　　第二,在研制路径方面,先验与后验路径存在明显不足,整合路径是共同的走向,是合理的选择。

　　先验路径与后验路径是早期流行的研制方法,但它们存在较大缺陷,当前各国基本都采纳整合路径。固然整合路径需要付出更大代价,但考虑到表现标准研制事关重大,为此付出必要代价也是值得的。整合路径至少需要课程专家、学科专家、测量专家的参与,对我国来说,测量专家的力量相对薄弱,亟须加大相关测量专家的培养力度,并加大他们参与表现标准研制的力度。

　　第三,在研制流程方面,应凸显学科素养模型的地位,加大核心素养融入各门学科素养模型的研究力度。

　　从相关材料上看,当前国际上研制教育标准基本都要经历计划、撰写、实施、调适过程,这个过程需要参照各种数据,是一个不断调整、完善的过程。

　　在这一过程中,传统上研制表现标准基本基于原有内容标准或表现标准,较少考虑学科素养模型,而近年来有两方面的变化非常值得关注。一方面是许多国家或地区,如澳大利亚(2008)、德国(2003)、台湾地区(2012),都开始把学科素养模型纳入教育标准研制。德国《教育标准研制:专长》在目录中开宗明义地指出,学科素养模型是研制教育标准的基础与关键。[①] 另一方面,核心素养进入各国或地区研制教育标准的视野,成为研制教育标准的起点。这种思潮主要受到联合国教科文组织(UNESCO)、经济合作与发展组织(OECD)等国际著名组织的影响,在它们

---

① Eckhard, K., Hermann, A., Werner, B., et al.. The development of national educational standards: An expertise [R]. Bonn: Federal Minister of Education and Research (BMBF), 2004: 3.

看来,核心素养是教育标准研制与课程设计的关键 DNA,是个人发展与社会发展的关键,更是培育能自我实现与社会健全发展的高素质国民与世界公民的重要基础。① 实际上,基于核心素养研制教育标准目前已蔚然成风,除上述国际组织、国家或地区外,加拿大、新加坡、芬兰、美国、英国、苏格兰、法国、匈牙利、日本、香港地区、魁北克地区都建置了核心素养,期望在其统领下以教育标准为抓手发动教育改革。②

就我国而言,在确定表现标准研制程序时,除了依照国际惯例开展多阶段循环的程序之外,在研制起点选择上至少面临三种选择:一是直接基于内容标准研制表现标准;二是先基于内容标准归纳出学科素养模型后再研制表现标准;三是基于核心素养确定出学科素养模型后,再结合内容标准研制表现标准。第一种选择最为简单,第三种选择最为复杂,但从长远角度看,第三种选择是一种战略性的选择,也是必然选择。第三种选择的关键是如何确定核心素养、如何确定学科素养模型以及如何把核心素养融入学科素养模型。确定第三种选择后,具体至操作层面,可以借鉴台湾地区的评价标准研制经验,其分段素养指标、相关课程设置与大陆地区内容标准和课程设置比较接近,相关研制过程非常清晰、富有操作性,具有直接参考价值。

最后需要指出的是,上述的选择更多地是基于学理分析,考虑到我国当前还没有明确提出核心素养、学科素养模型,因此在我国研制表现标准的实践中可以考虑第一种选择——基于内容标准研制表现标准。

① 蔡清田. 课程改革中的"素养"(competence)与"知能"(literacy)之差异[J]. 教育研究月刊,2011(3):84—96.
② 学生核心素养研究课题组."学生核心素养研究"工作进展报告[R]. 北京:中华人民共和国教育部,2014.

第五章 基于学科素养表现标准的编制技术

各个国家与地区的表现标准研制程序给予我们一个宏观的思考框架,具体至编制特定内容标准或学科主题的表现标准,需要回答:如何明确学科素养转化为表现标准的方式、如何选择表现标准的呈现方式、如何拟定表现水平、如何确定表现样例。在很大程度上,这四个问题构成表现标准研制程序的核心内容,它们是编制表现标准无法回避的问题。从编制技术角度看,探讨这四个问题实质是展现学科素养具体化为表现标准的主要历程,直接涉及编制表现标准无法回避的四项核心技术。那么,这些技术有何内涵? 它们是否可被我国直接借鉴,或是需要我们做进一步改进以便适合我国本土需要? 所有这些问题并没有现成的答案,需要做更深入的分析。

第一节 明确学科素养转化为表现标准的方式

确定学科素养后,需要结合具体内容标准或学科主题编制表现标准。组织者需要为撰写者提供具体材料,如学科内容标准或学科主题,或者相关学生学习表现信息,撰写者将基于这些材料编制表现标准。

目前关于学科素养转化为表现标准的研究非常少见,大多国家或地区仅公布最终开发的结果,具体编制过程基本保密。笔者依据三项相对比较完整的研究[①],

① Arter, J. & Chappuis, J. Creating & recognizing quality rubrics [M]. London: Pearson, 2006: 20-70;邵朝友. 评分规则的开发与应用研究[D]. 华东师范大学硕士论文,2007:18;Langlet, J.. Standards for a lower secondary biology course in Germany: A contribution from MNU [C]. In D. J. Waddington, P. Nentwig, & S. Schanze (Eds.), Make it comparable: Standards in (转下页)

归纳出如下两种基本操作方法。

一、演绎方式

采取演绎方式研制表现标准的主要思路是,分解学科素养为相关维度,结合相关学科内容,针对各个维度直接描述表现水平,或对这些相关维度进行再分解后描述表现水平。下文以我国普通高中物理探究素养中的"提出问题"为例做一说明。

步骤1:分解学科素养。为具体研制表现标准,学科素养一般需要再分解。例如,依据高中物理课程标准的规定,探究素养可分解为提出问题、猜想与假设、制订计划与设计实验、进行实验与收集证据、分析与论证、评估、交流与合作等七个维度。如果这些维度包含的内容较丰富,可对它们进一步分解,反之,则无需再分解。

步骤2:确定所得维度的子维度。如对于"提出问题",通过考察课程标准,可发现其基本要求为:能发现与物理相关的问题;从物理学角度明确地表达这些问题;认识发现问题和提出问题的意义。通过解读课程标准,可把该要素提炼为四个子要素:发现现象、表达疑问之处、用物理语言表达疑问、表述出证据。[①]

步骤3:明确各维度或子维度的认知要求。假设在物理学科素养模型中,规定了再现、转化、应用三种认知要求。对于"提出问题"而言,主要认知要求定位于"应用",其基本内涵为:运用已有知识于新的学习领域,如对物理现象提出质疑。

步骤4:融入具体学科内容,描述表现水平。[②] 得到四个子要素及认知要求后,就可以结合相关学科内容描述表现水平。例如"力和加速度关系"是高中物理课程标准的内容,其中实验探究力和加速度的关系要求学生能具备提出问题的素养。结合该具体内容,假设采取"高级"、"中级"、"低级"三种表现水平,按照上述四个子要素可进一步描述出如下表所示的表现标准。

（接上页）science education. New York, NY: Waxmman, 2007: 168 - 169. 前两项研究只是归纳出两种途径总体设想,且只是从开发评分规则角度出发,第三项研究仅给出粗略设想。

① 物理课程标准研制组.普通高中物理课程标准(实验)解读[M].武汉:湖北教育出版社,2003:27—28.

② 此处所用的"实验探究力和加速度"案例只是一个学科主题,对于具体的内容标准,在撰写其表现标准时按同样道理把学科素养或子素养融入不同表现水平描述中。

表 5 - 1 "实验探究力和加速度关系"的提出问题素养的表现标准

素养	子要素	高级	中级	低级
提出问题	发现现象	及时准确地发现力和速度变化快慢的关系	当其他同学发现后，才发觉力和速度变化快慢的关系	没有发觉力和速度变化快慢关系现象的表现
	表达疑问之处	清楚地说出自己对力和速度变化快慢关系的疑问	呈现力和速度变化快慢关系的疑问时思路还有点模糊	还没有对力和速度变化快慢关系形成疑问
	用物理语言表达疑问	用具体物理语言表达出合力和速度变化快慢关系的疑问	模糊地用合力、速度变化快慢语言表达出疑问	不能用合力、速度变化快慢等语言表达出疑问
	表述出证据	清晰地描述出所提合力和速度变化快慢关系疑问的证据	模糊地描述出所提合力和速度变化快慢关系疑问的证据	没让人看到所提合力和速度变化快慢关系疑问的证据

上表中，表现水平反映学生在特定维度或要素上成功、不成功的程度。一般而言，水平层级数量不能过多或过少，以免编写工作过于琐碎，或者导致不能正确区分各表现水平。此外，除了以分项方式描述表现标准外，还可以整合各子要素，整体地描述表现标准。

步骤 5：为各个表现水平配置表现样例。为了更清楚地对表现水平进行描述，量表中的表现水平不但要包括对应的描述，还应提供表现样例，它为每种表现水平提供了具体例子，有助于用户全面理解表现水平的意义。这些不同表现水平的样例可以用书面或电子稿文本呈现，而对于动作操作过程的样例则可用录像形式保存。

步骤 6：拟订、完善表现标准。依据上述步骤，我们可以拟定并完善"实验探究力和加速度关系"之"提出问题"的表现标准。

需要再次强调的是，有时学科素养的子素养比较明确或包含的内容较少，描述表现水平未必如上表那样非得对其加以分解，研制者可以直接结合学科内容把学科素养的子素养融入不同表现水平的描述中。

二、归纳方式

相比演绎方式，归纳方式则是从学生实际表现中提取出相关水平的典型特征，下面还是以"提出问题"为例做一说明。

步骤1：确定学科素养。例如对于科学探究素养,可确定出提出问题、猜想与假设、制订计划与设计实验、进行实验与收集证据、分析与论证、评估、交流与合作七项子素养。

步骤2：确定子素养的内涵与认知要求。如对于其"提出问题",可先确定出四项子要素：发现现象、表达疑问之处、用物理语言表达疑问、表述出证据,进而规定其认知要求为"应用"。

步骤3：分类学生表现或借鉴已有分类表现。依据组织者提供的学生作品或表现进行分类(例如分为高级、中级、低级三种水平组),或者借鉴已有的通过统计方法而得的不同分类表现,然后依据四个要素描述三种具体学科内容的表现水平的特征。

步骤4：描述不同表现水平并配置表现样例。例如依据高级、中级、低级三种水平,结合发现现象、表达疑问之处、用物理语言表达疑问、表述出证据四个子要素,对"实验探究力和加速度关系"加以描述,并配置相应表现样例。

步骤5：拟定并完善表现标准。

上文表明,归纳与演绎方式实质都是转化学科素养为表现标准,两种方式的区别并非那么绝对,它们都要明确学科素养、根据实际学生作品来描述表现水平,都需要参考一些测评数据。现实中进行转化时,两种方式往往需要混合使用,例如先通过演绎方式获得学科素养的基本子素养,然后参考、比较通过测评任务归纳而得的学生表现,最后获得各表现水平及表现样例等。当然,两种方式仅仅从大的方面勾勒出转化过程,具体编制表现标准时无疑还需要考虑表现标准呈现方式的选择、表现水平的拟定、表现样例的确定。

第二节　选择表现标准的呈现方式

表现标准有不同的表现形式,那么,我们能否对其加以归类？ 从中可以得到哪些启示？ 本节将针对这两个问题展开论述。

一、呈现方式的归类

由于表现形式的多样化,实践中就出现了各种不同表现标准类型。依据笔者所收集的资料,大致可以把它们分成五种类型。

(一) 基于指向内容范围的分类

表现标准指向的范围可大可小,最为常见的是针对某个学科主题,或者针对某条内容标准。以下表为例,它指向的是阅读主题。[①]

表 5-2 英国英语学科阅读的表现标准(节选)

关键阶段	5—7 岁		7—11 岁		11—14 岁	
年级	2		6		9	
阅读测验水平标准	水平 1	使用一系列的阅读策略,包括为了理解意义对文章进行准确的解码……	水平 3	演绎、推断或者解释文本的信息、事件或者观点……	水平 4	识别和评论文章的结构和组织,包括在文章层面上语法和表达的特点……

而在美国各个州中,表现标准大多指向内容标准。以科罗拉多州为例[②],下述三种表现水平及其描述语就是针对该州英语学科阅读主题的第五条内容标准。该内容标准的具体要求为:在系列媒体、参考书、技术资源中,学生能定位、选择、使用相关信息。它所对应的幼儿园至 4 年级的表现标准为:

> 部分熟练:组织系列纸质文本和电子媒体时,学生不能一致、持续地发现和使用信息;学生能对资料的主要思想做笔记、罗列提纲并加以确定,但存在不准确的、有限的理解,忽略了一些重要事实和细节,或者对文本进行直接

---

① Qualifications and Curriculum Authority. National curriculum assessment regulatory framework: Key stages 1-3[EB/OL]. (2012-06-08). https://orderline. education. gov. uk/gempdf/1847210856. pdf.

② Hansche, L. N.. Handbook for the development of performance standards: Meeting the requirement of Title I [R]. Washington, D. C.: Council of Chief State School Officers, 1998: 18-19.

复制。

熟练：对于具体的主题学习内容，学生有组织地使用系列纸质文本和电子媒体，并能找到和运用所需信息。学生对资料能准确地进行做笔记、罗列提纲、确定主要思想，并能罗列资源清单、做出可信的说明。

高级：组织系列纸质文本和电子媒体时，在没有帮助的情况下，学生能容易地发现信息；学生能对系列资源进行信息分类、记录、综合，并能罗列资源清单、做出可信的说明。

（二）基于纵横向编排方式的分类

按照这种分类依据，表现标准的表现方式存在三种类型。第一种类型是如表5-2所示的表现标准，它在纵向上把1—11年级阅读主题的要求按照8种水平来划分。第二种类型是横向上把特定年级的学习主题或内容标准的表现标准分为几个等级，如上文所示的科罗拉多州案例，它把特定年级或年段的表现水平分为"部分熟练"、"熟练"、"高级"三种水平。第三种类型是上述两种方式的综合，即不仅在纵向上描述出各基础教育阶段的表现水平，而且在横向上也描述出每个年级对应的各种表现水平。这种编排方式的例子极少，比较成熟的典型例子有美国伊利诺伊州的表现标准。

（三）基于水平层级呈现数量的分类

这种分类主要依据表现水平呈现的层级数量来划分。如台湾地区的阅读主题表现标准包括五种表现水平(参见表4-8)。目前在美国52个州[①]中，大约10个州采取三个层级的表现水平，29个州采取四个层级的表现水平，而余下的13个州采取五个层级的表现水平。

（四）基于是否描述"不能做"信息的分类

上述表现标准都以呈现学生能做什么来描述，多数表现标准都是如此，但有少部分表现标准除了呈现学生能做什么，还同时呈现学生不能做什么，下表是典型的

---

① 50个州和2个特区，共52个单位，为便于论述统一用州来称呼。

样例。[1]

表 5-3 南卡罗来纳州五年级英语学科阅读的表现标准(节选)

低于基础(Below Basic)	
低于基础水平的学生可能**会做**: ◎ 解释不同文本的主要思想; ◎ 确定出一些具体细节; ◎ 阅读信息类与文学类文本; ◎ 当存在大量线索时,能做出一些简单推论; ◎ 使用句子匹配(word-matching)办法回答问题	低于基础水平的学生可能**不会做**: ◎ 聚焦出长而高密度的文本中的有关细节; ◎ 在有限细节中区分出所需要的最相关细节; ◎ 加工多种细节; ◎ 当线索是分散或隐藏于文本中时,做出推论; ◎ 使用相关细节回答建构性题目

(五) 基于构成要素的分类

考察表现标准构成的要素,一般有表现水平、表现样例和认知要求,其中表现水平包括层级、名称、描述语,不同要素之间的排列组合构成如下三种最基本类型。

第一种类型仅由表现水平构成。这是最简单的表现形式,表 5-2 是典型案例。

第二种类型由表现水平＋表现样例构成,这种类型最为常见。其中以美国新标准最为典型[2],其每条内容标准都有一个素养表现说明,素养表现说明阐述了要求学生掌握什么和能做什么。紧接在标准素养表现说明后的,是显示学生成就的实例。

第三种类型由表现水平＋认知要求构成。阿拉斯加州历史学科表现标准是该类型的典型例子[3],下图的 DOK(Depth of Knowledge)来自韦伯(N. Webb)知识深度理论,包括"回忆"、"技能/概念"、"策略性思维"、"扩展性思维"四种认知要求。[4]

---

[1] Eric, W. C. & Phoebe, C. W.. Setting coherent performance standards [R]. Paper to be prepared for the TILSA & SCASS. Council of Chief State School Officers, 2006.

[2] [美]美国国家教育与经济中心,匹兹堡大学. 美国高中学科素养表现标准[M]. 上海市教育科学研究院,组译. 北京: 人民教育出版社,2004: 4.

[3] Alaska State Board Education & Early Development. Content and performance standards for Alaska students [EB/OL]. (2011-11-10) http://www. eed. state. ak. us/standards/pdf/standards. pdf.

[4] Hess, K. K., Jones, B. S, Carlock, D., et al.. Cognitive rigor: Blending the strengths of Bloom's Taxonomy and Webb's Depth of Knowledge to enhance classroom-level processes [J]. ERIC: Online Submission, 2009: 8.

表 5－4　阿拉加斯州历史学科内容标准与表现标准(节选)

殖民时代——俄罗斯时期(1741－1867)教学建议主题：☑ 欧洲探险的合理性 ☑ 流行病(教师可自行决定是否选择教学主题)	主题：居民、地域、环境	主题：消耗、生产、分布	主题：个体、公民、统治、权利
	内容标准：学生展示出对人们与物理环境互动的理解。	内容标准：学生展示出对自然资源的发现、影响、作用的理解。	内容标准：学生展示出对阿拉斯加人历史上责任与权利变化的理解。
	(略)	第一条表现标准：明确在使用自然资源过程中开发、交通、竞争的方式，以及繁荣与萧条情况[DOK2]；……	(略)

二、不同类型呈现方式的启示

上述五种类型的表现标准呈现方式，为我国将来研制表现标准提供了诸多启示。

第一，需要依据实际情况确定表现标准的内容范围。这种范围可以是针对某个学科主题，或者是针对某条内容标准。具体选择哪种内容范围应视实际情况而定。如对于某些条目内容标准，如果它包含的内容容量很大，可以对其加以分解。反之，如果某些条目内容标准包含的内容容量很小，完全可以把它们加以合并。此处需要考虑的是：内容标准与学科素养是息息相关的，由于学科素养一般是综合的，因此被开发内容的容量不能过少。

第二，需要综合考虑纵横向表现标准编排方式。横向呈现方式是常见方式，它可以描述出不同的某个学科主题或某条内容标准在特定年级的不同表现水平与特征。纵向呈现方式则描述出某个学科主题或某条内容标准在不同年级的不同表现水平与特征。一般说来，纵向呈现方式往往指向容量比较丰富的学科内容，否则在某个特定年级学生就可以完成学习要求了。当然，如果条件允许的话，可以选择纵横向相结合的编排方式。

第三，需要确定合适的表现水平层级数量。从实际情况看，表现水平一般都是呈现为 3—5 种等级水平，很少见到呈现 2 种等级水平，或者呈现 5 种以上等级水平。需要注意的是，有些国家或地区可能只呈现符合合格要求的表现水平及其特征,实质上它们的表现水平层级不止一种水平。这方面的例子有第四章中提到的澳大利亚成就标准,它只呈现五种表现水平中的"C"级水平与特征。

第四,需要适当考虑呈现学生"不会做"的表现。许多表现标准在描述学科素养时,大多从正面来描述不同表现水平的特征,而从反面描述表现水平特征的例子很少。事实上,正如表 5-3 所示,表现标准用户(特别是教师)不仅可从表现标准的正面描述了解各种表现水平需要达到的要求,还能从表现标准的反面描述来把握学生学习的不足,从而更好地了解正面描述特征,也更好地把握学情。

第五,需要明确表现标准的最基本构成要素。上文显示,表现水平、表现样例、认知要求是表现标准的基本构成要素。其中表现水平是共同的构成要素,但其还不能充分说明表现标准。按相关解释,这是因为表现水平的描述语通常具有某种程度的模糊性[1],还需要表现样例配合说明。例如某种写作水平描述为"有逻辑地组织内容",但有两个来源导致目标的含糊:一是在量表不同水平上,还存在"比较有逻辑地"、"部分有逻辑地"、"没有逻辑地",不同判断者只能依据具体情境和各自经验做出各自判断;二是对不同表现水平特征的理解。如果表现行为相差比较大,用户能较好地把握各种表现水平典型特征,但在相邻水平的交接处,有时很难用文字来说明,非常需要表现样例来配合说明。至于表现水平+认知要求组合,相比表现水平+表现样例组合,它略显不足。其原因有三:一是因为教师是表现标准的最大用户,他们更习惯于直观、熟悉的表现样例,而不是需要心理学知识基础的认知要求;二是学科素养需要展现于具体情境,而表现样例能满足这种需求;三是表现水平描述语中已包含认知要求。

第三节 拟定表现水平

表现水平是表现标准的题中应有之义。包括横向上与纵向上的表现标准,无论哪种都需要探讨表现水平的层级与名称的拟定、表现水平描述语的撰写。

---

[1] Sadler, D. R.. Specifying and promulgating achievement standards [J]. Oxford Review of Education, 1987, 13(2),191-209.

一、拟定表现水平层级及名称

对于横向上的表现标准,本部分主要探讨表现水平层级及名称,对于纵向上的表现标准,主要探讨水平层级的两种编排方式。

(一) 指向横向表现水平层级及名称

选择三种还是四种或是五种表现水平层级,并不是随意的。这取决于评价的目的与需要。如果只是出于认证需要,为评价设置一个水平层级(如合格)就够了。分数高于合格水平代表的分数线就可以拿到文凭,反之,则拿不到文凭。确实,如果层级太少,比如只有两个,虽然减低了工作量和经费开支,但无法区分学生的学业成就水平,公众也不能获得更多信息。多层级的好处是能为使用者带来细节性信息,但同时意味着代价的增加。

在表现标准历史上就出现过这种情况。1993 年,美国国家教育统计中心(The National Center for Education Statistics, NCES)套用了 1990 年 NAEP 的三种水平层级,来报告学生在不同层级上的比例。具体报告学生学业成就时发现,在四年级阅读上,高于或等于基础水平(即包括基础水平、熟练水平与高级水平)的各个表现水平上的分布比例为 60%,但无法知道余下的 40% 的数据是如何分布的。为弥补这样的缺陷,NCES 创设了低于基础(Below Basic)的水平层级,并允许 NAEP 借用这样的分类开展学业成就报告。[①]

本书建议采取五级表现水平,水平 3 为可接受的合格水平,水平 4 为良好水平,水平 5 为优秀水平,水平 2 为不足水平,水平 1 落后水平,水平 1 与 2 为了解学生不足原因提供教学补助信息。如果需要提供更细节的信息,还可以在每个层级内划出高、低两种水平,如何划分完全取决于实际需要。

明晰横向上的表现水平层级后,还需要为每个层级命名。表现水平的层级与名称可由地方自行规定,或者采纳国家规定的政策性表现水平。在教育集权国家,政策性表现水平层级与名称基本是要求各门学科采纳统一规定,而对于教育分权国家,各地区可自行决定是否采纳。考虑到我国实际情况,我们认为在国家层面首

---

① Beck, M.. Standard setting: If it is science, it's sociology and linguistics, not psychometrics [R]. Chicago, IL, 2003.

先需要制订政策性表现水平,进而使之为学科表现标准中的表现水平提供备择参考。

　　政策性表现水平的重要作用之一是为具体学科表现标准提供水平层级与名称,以便向公众交流学生评价结果。政策性表现水平层级一般包括3—5种水平,下表内容乃 NAEP 在 1990 年制订的三种表现水平①。三种表现水平体现了不同水平等级关系,其中以高级为最高水平,熟练次之,基础最低。

表 5-5　1990 年 NAEP 规定的三种政策性表现水平

> **基础(Basic):** 该水平低于熟练水平,表明学生部分掌握 4、8、12 年级的基本知识与技能。在第 12 年级,该水平代表的技能高于最低技能(教授最低技能通常在小学和初中阶段),并且包含标准中规定的代表高中水平的重要因素。
>
> **熟练(Proficient):** 这是中间水平,代表学生在 4、8、12 年级的学术表现。该水平代表这样的共识——达到该水平的学生在挑战性学科上已经展现出素养,而且为下一阶段学习做好充分准备。在第 12 年级,熟练水平意味着学生拥有学科知识和分析技能、文化素养和洞察力。这些是所有高中毕业生将来要成为民主社会的公民、负责任的成年人、创造性的工作者必须具备的。
>
> **高级(Advanced):** 这是最高水平,代表着超出 4、8、12 年级学生达到的熟练水平。对于第 12 年级,高级水平意味着学生已为严格专科学校课程、高端技术培训,或为需要高级学术要求的就业做好了准备。随着获得信息数据的途径增加,该水平的设置将部分基于国际学术成就比较的结果,也可能与高级部门的就业和其他专科学校的入学考试有关。

　　政策性表现水平反映国家对于教育的一种期望,如:“在 12 年级,熟练水平意味着学生拥有学科知识和分析技能、文化素养和洞察力。这些是所有高中毕业生将来要成为民主社会的公民、负责任的成年人、创造性的工作者必须具备的。”这些描述来自于国家教育目标。描述政策性表现水平的关键是让公众明白国家教育目标,要使得它们成为强有力政策声明,所用措辞应是容易记住的,而且能清楚地区分不同表现水平。具体撰写时,这些内容一般以 1—2 个句子为好,内容要具体,信息要合理、有效、富有启发性。如 NAGB 有感于 1990 年 NAEP 三种政策性表现水平的描述还不够简洁明了,在 1995 年 3 月的政策声明②中,对此做出如下调整。

表 5-6　1995 年 NAEP 规定的三种政策性表现水平

> **基础(Basic):** 该水平表明学生部分掌握了在各个年级构成熟练水平的基本知识与技能。

①　National Assessment Governing Board. Policy statement [R]. Washington, D. C. , 1995.

②　National Assessment Governing Board. Policy statement [R]. Washington, D. C. , 1995.

续　表

> **熟练(Proficient)**：该水平代表在每个年级评价时应表现出坚实的学术表现。到达该水平的学生，能在一些挑战性的学科中表现出各种素养，如学科知识、在真实情境下应用知识与分析技能等。
> **高级(Advanced)**：这是优秀表现，超出了熟练水平。

描述政策性表现水平有三种通用做法：一是决策者草拟政策性说明；二是决策者与课程专家、评价测验专家一起草拟说明；三是决策者与课程专家一起合作草拟说明。[①]

一种备选做法是：专家小组依据国家教育目的、目标，研读各年段的课程标准，特别是毕业年级的课程标准，经讨论后初拟表现水平等级的层次与描述，并在内部达成一致。之后，向全国公布以咨询修改意见，在一定时限内完成资料收集工作。最后，整理资料、对原文本进行修正，并向全国颁布结果。如此做法的背后思想在于，表现水平层次与描述不仅是个技术性问题，也是一个政治性问题。政策性表现水平要获得公信力，需要公众参与并达成共识。

表现水平层级的名称并非可有可无的琐事，使用不当会导致争议。研究表明，NAEP 的"高级"、"熟练"、"基础"、"低于基础"等表现水平层级名称，曾引起众多纷争。其中一个典型观点是，"基础"与"低于基础"非常刺眼，让人难以接受。[②]

其实不难理解，表现水平层级是公众非常关心的事情。作为家长，当然期望看到自己的孩子获得较高学业水平，纳税人则希望教育能为社会提供优秀人才。一旦公布的结果不良而且所用措辞严厉，公众自然会有所不满。这显然会损害教育部门的自身利益，特别是媒体到处转载的信息时代，几乎可以肯定这样的报告会引起更多指责。

为此，贝克(M. Beck)对美国各州表现水平层级名称展开调查，建议应避免出现以下五大问题：(1)模糊、不清晰，或不合理术语、自相矛盾修饰法(如需要改进、合理掌握)；(2)常模术语(如平均、典型)；(3)动态性(moving)术语(如接近"X"、正接近标准、就要达到、正在进步中)；(4)非教育性术语(如平常、不充分的、新手/学

---

① Perie, M. . A guide to understanding and developing performance level descriptors [J]. Educational Measurement：Issues and Practice, 2007, 27(4),15 - 29.

② Bourque, M. L. . Student performance standards on the National Assessment of Educational Progress：Affirmation and improvements [DB/OL]. (2011 - 11 - 18). http://www. nagb. org/publications/studentperfstandard. pdf.

徒);(5)非对称术语(如杰出、通过、警告)。①

可见选用合适的表现水平层级名称很有必要。对于我国来说,一种选择是:采取广大中小学教师比较熟悉的"优秀"、"良好"、"合格"、"不足"、"落后"等水平等级名称,或者命名其他水平等级。另一种选择是:提出一种中性参考命名,如水平1、水平2、水平3、水平4、水平5(等级由高到低排列)也未尝不可。确定名称之后,就需要为各个名称下定义,以使得各个水平层级之间的区分得以清晰界定。

(二) 指向纵向表现水平的编排

拟定纵向表现水平的关键在于如何编排表现水平。从实际情况看,纵向表现水平可分为两种编排形式。一是表5-2所示的跨年级编排方式,即按跳跃一定年级数量设置表现水平。

二是分年级编排方式,即设置每个年级的表现水平,下图的阿拉斯加州科学学科表现标准②是典型类型。

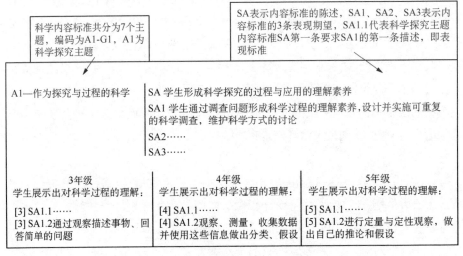

图5-1　阿拉斯加州科学学科表现标准的编排方式(节选)

总体而言,这两种编排方式都体现出对个体学习和发展的整体性和持续性的

---

① Beck, M.. Standard setting: If it is science, it's sociology and linguistics, not psychometrics [R]. Chicago, IL, 2003.

② Alaska State Board Education & Early Development. Content and performance standards for Alaska students [EB/OL]. (2011-11-10). http://www. eed. state. ak. us/standards/pdf/standards. pdf.

认识。如果人的学习和发展具有整体性,这种学习和发展在不同年龄或年级之间是连续的,那么不同阶段的学习内容之间就不是孤立的,而是彼此关联的。因此,这种设计不仅可以用来评价学生是否达到某个阶段发展水平,同时还可以用来在一个共同尺度上评估不同学生在不同时间点之间的进步状况。若能长期记录学生随时间发展的学习情况,这种表现标准的编排方式就能够反映指向一个"整体的人"的学习和发展的基本概貌。

但要研制这两种编排方式并不容易,它们都需要具备以下条件:首先,它们都针对同一学科内容主题,课程内容必须是连续且聚焦的,每种表现水平对应年级必须都开设这样的课程内容。其次,在最低表现水平到最高表现水平之间课程内容难度呈螺旋上升,需要基于大量研究才能设计出适合不同年龄学生的不同学习水平要求。

那么,两种编排方式各有什么优缺点?相比跨年级编排方式,分年级编排方式的优势在于,它能提供各个年级的期望,为教师与学生提供明确的教与学的要求,使得教学任务更能做到"责任到人"。分年级编排的假设是——学生只有掌握了前提知识与技能,才更有可能在下一学年获得成功;每个年级严格的学术标准不但能确保学生毕业时习得高水平素养,还能降低学生辍学率,因为学习的累积从不允许存在学习不足。[①] 从学生学习角度看,这种严格的每个年级要求往往造成不少学生留级,但大量研究表明——相比那些与他们一样学术失败但仍然进入下一年级的学生,留级学生的实际表现比他们的平均水平还低;留级一年学生的辍学率是正常升学学生辍学率的五倍;相比留级一年,遣送学生到夏令营补习,同样能达到改进学生学业不足的目的,但所付代价只是前者的四分之一;留级学生把留级视为一种惩罚,而这种惩罚催生压力和挫折感,它们通常要历经多年才能被克服。[②] 此外,分年级编排方式在一定程度上限制教学弹性。

相比分年级编排方式,跨年级编排方式则能为学生提供改进空间,不需要在每个年级都达到特定学习期望,能尽量消除分年级编排导致的学生留级这样的负面

---

① Shepard, L. A. & Smith, M. L.. Synthesis of research on crade retention [J]. Educational Leadership, 1990, 47(8).

② Holmes, C. T.. Grade-level retention effects: A meta-analysis of research studies [C]. In L. A. Shepard & M. L. Smith (Eds.), Flunking grades: Research and policies on retention. London: The Falmer Press, 1989: 45 - 75; Grissom, J. B. & Shepard, L. A.. Repeating and dropping out of school [C]. In L. A. Shepard & M. L. Smith (Eds.), Flunking grades: Research and policies on retention. London: The Falmer, 1989: 92 - 113.

影响,为学生努力提供更大机会。[①] 但它也存在不足:具体教学时,任课教师不能明确年级教学要求,如果相关问责制没有跟上,或者教师更换教学年级,教师极有可能把教学责任留给下一个年级教师,从而产生不良的学生学业成就。此外,跨年级编排方式中对应年级必须与国家教育质量监测年级对应,否则将带来教学与管理的混乱。

对于我国而言,虽然科学、数学学科逻辑性显得较强,英语与语文的写作部分内容也更具备连续发展的特征,但各门学科内容标准(包括新修订的义务教育阶段内容标准)基本以模块为单位呈现,总体上内容标准设计并非具有那种连续聚焦特征。因此,基于各门学科现状,加上考虑到现有研究基础与庞大研究工作量,我国编排纵向表现水平还为时尚早。

当然这并不是说我们根本无法采取纵向表现水平编排方式,对于一些具有连续聚焦特征的学科内容,如语文与英语的写作,可以尝试采取纵向表现水平编排方式,从长远目标看,发展纵向表现标准也是必要的。关于纵向表现水平编排方式,本研究建议:

第一,尊重现有课程内容设置的现实,分年级与跨年级编排方式可以并重;

第二,考虑学科特色与学生学习发展规律;

第三,配合国家教育质量监测需要,提供特定抽样年级表现标准;

第四,基于当前我国开发表现标准的专业力量与其他配套措施;

第五,适当考虑与大学专业的衔接,即编排当前部分合适的学科内容,使之形成纵向螺旋编排方式,并与部分大学基础专业课程对接。

二、撰写表现水平描述语

表现水平层级,如"高级"、"熟练"、"基础"等,为学生的学习水平提供了一种参照范围。但如果仅仅用"熟练"来代表学生所处的学习水平并没有多少实质意义,要理解什么是"熟练",还需要对"熟练"加以描述。

---

① Marzano, R. J. & Kendall, J. S.. A comprehensive guide to designing standards-based districts, schools, and classroom [M]. Virginia: Association for Supervision and Curriculum Development, 1996: 189.

（一）明晰描述语的功能定位

当前对于表现水平描述语的理解存在三种典型误区：一是认为描述语要非常具体、简单，如"学生能游泳 50 米"；二是描述语乃是评价结束后依据学生表现的归纳结果；三是撰写描述语时间仅略微早于评价设计。

从前述几章内容可以判断，描述语指向的是学生素养，而素养未必是简单的知识或技能，往往是抽象、复杂、宽泛的，因此描述语语言特征未必都是简单而具体。可见第一种观点模糊了素养的性质。

第二种观点的"正面意义"在于，评价结束后获得的学生表现确实可以为撰写描述语提供修正的机会。即便如此，这仅仅是一种事后反馈，它往往混淆了表现标准两种不同取向，不是定位于课程与教学取向。更关键的是，这种观点往往忘记了学科价值与教育目的。

第三种观点则完全忽略表现标准对于评价的作用，如果表现标准规定了学生必须达到的学习水平或程度，那么它应较早于评价设计，以便为评价提供依据。

在笔者看来，描述语代表的是事先规范要求，一旦被确定，具备以下重大功能：

——为评价设计提供依据。确实，评价要基于内容标准，同时必须基于表现标准。确切地说，如果要明确不同学生的表现水平，评价设计必须基于表现水平描述语。许多研究表明，在分界分数设置过程中，描述语能为不同参与者的共识提供基础，是训练参与者最重要的材料，能极大提高分界分数的信度。[①]

——描述语代表不同水平学生表现。描述语与每种表现水平对应，其描述内容是该水平的典型学生表现，而且描述语包容了所有该水平特征。换言之，不同素养水平之间的差异乃通过描述语得以区分。

——检验分界分数的效度。分界分数要划分不同的学生表现水平，实质是描述语的操作形式，需要依据表现水平描述语而定。一旦分界分数设置完毕，依据描述语来做出效度检验是关键。进一步说，描述语是对分界分数做出推论、合理解释的依据，这恰恰是效度检验的重中之重。

——便于公众理解教育质量。表现标准是公共文本，分界分数和表现水平描述语公布后，由于描述语生动形象地呈现了各表现水平指向的考试内容和质量，公

---

① Perie, M.. A guide to understanding and developing performance level descriptors [J]. Educational Measurement: Issues and Practice, 2007, 27(4), 15 - 29.

众能从描述语更深入地了解学生的学习状况。

(二) 确定表现程度的编写方式

明确描述语类型后,还需要进一步回答一个问题,即选择什么样的编写方式来描述不同表现水平的特征,或者说如何描述出表现程度。编写表现程度并不神秘,本质是叙写学习目标,这包括两个方面:一是用什么句法结构来描述表现要求,二是用什么编写方式来体现不同表现水平的特征。前者是表达工具,后者需要借助前者描述不同表现水平特征,两者可谓紧密关联。据卢雪梅考察,目前表现标准叙写方式与内容标准叙写方式基本相同[1],有众多且成熟的研究可供参考,如马杰的ABCD模型[2]、格伦兰的内外撰写法[3]。但关于编写方式的研究极少,下文重点探讨可用什么方式来编写表现水平描述语。

1. 常见编写方式的考察。

第一种方式是从某一知识主题不同方面的要求来表征,如 3 年级能做 A 事情,2 年级能做 B 事情,一年级能做 C 事情。从函数分布看,这种水平是不连续的,而且 3 年级未必就能做 1、2 年级能做的事情。不妨举例以明之,如英国国家课程英语写作水平 4、7 具有如下特征[4]:

> 写作水平 4:写作不仅生动而且富有思想(lively and thoughtful writing)。写作思想通常得到有效论证,以有趣方式有目的地得以组织。大胆地选用词汇,有效地使用词语。为拓展内涵,开始使用包含语法的复杂句子。拼写,包括符合常规的多音节词语,通常是精确的。正确地使用句号、大写、问号,开始在句子内使用标点。书写流畅且易读。
> 写作水平 7:自信地写作(confident writing)。在叙述文体上,人物特征得以刻画。在非小说文体上,中心思想得以组织且保持一致。语法特征和词汇得到有效、准确的运用。拼写正确,包括使用复杂的非常规性单词。作品易读

---

① 卢雪梅. 从技术层面谈九年一贯课程能力指标建构:美国学习标准建构的启示[J]. 教育研究咨询,2004(2):3—34.

② Davis, I. K.. Objectives in curriculum design [M]. New York, NY: McGraw-Hill, 1976:57.

③ 肖锋. 五种课堂教学目标编写模式述评[J]. 杭州师范学院学报,2000(4):112—115.

④ Sainsbury, M. & Sizmur, S.. Level Descriptions in the National Curriculum: What kind of criterion referencing is this? [J]. Oxford Review of Education, 1998, 24(2),181-193.

且得到生动呈现。使用分段和正确的标点以便向读者呈现一致、清晰的系列事件或思想。

就写作内容和整体质量来说,水平 7 的"自信地写作"未必意味着高出水平 4 的"生动而富有思想"。这是因为它们未必都针对同一个主题或针对特定主题下某个方面。这种编写方式相对较少,而且不同水平之间难以比较,其矫正办法之一是默认水平 7 已包含水平 4 的要求;矫正办法之二是设计连续聚焦的螺旋式课程,设计年级或跨年级的表现水平,使得后续年级的要求是以前面年级的要求为基础。总的说来,第一种编写方式无非是写出不同年级或跨年级的要求,相对比较容易,下文重点谈论第二、三种方式。

第二种方式是罗列出所有重要特征来描述最高级表现水平,或者从说复杂度来描述,如有 10 件事情或行为,最高水平的学生都会做,次级水平学生只能做 10 件事情以下,对应的案例有卓越评价中心(Smarter Balanced Assessment Consortium, SBAC)的内容标准注释法,[①]下文以一例加以说明。为尽量保持原意,以及避免翻译产生的词性变化,下面仅呈现原文。

表 5-7 上半部分中,对应的内容标准包含 6 条指标,表下部分的 B-、B、B+ 分别表示达到"基础(Basic)"水平三种情况,即刚好达到基础水平、达到平均基础水平、高出平均基础水平。以此类推,P-、P、P+ 分别表示达到"熟练(proficient)"水平的三种情况。注释的表现水平以对应句子中的动词为主,一般连带后面的名词。当动词指向多个名词时,不同名词与动词的组合可能对应不同表现水平。如下表第六条指标中的 indexes(索引)、page numbers(页码)都对应动词 use,但隶属不同水平特征——"索引"部分对应平均熟练水平,"页码"部分对应平均基础水平。

表 5-7　应用内容标准注释法确定各种表现水平特征的示例

Standard 1: Students will read, write, listen, and speak for information and understanding.
1. Locate and use library media resources to acquire information, with assistance
2. Read unfamiliar text to collect data, facts, and ideas
3. Read and understand written directions
4. Locate information in a text that is needed to solve a problem
5. Identify main ideas and supporting details in informational text

---

① CTB/McGraw-Hill LLC. Proposal-Office of Superintendent of Public Instruction [EB/OL]. (2012 - 12 - 19). http://www.k12.wa.us/SMARTER/pubdocs/CTB - SBAC - 12Proposal.pdf.

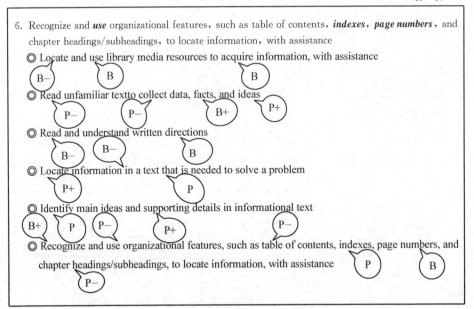

　　这样通过讨论得到上述编码后,可以接着编辑各种表现水平。如对于三种基础水平可罗列出所有相关指标:

　　B－: Locate library with assistance;Read written directions;understand written directions;

　　B: use library media resources with assistance; acquire information, with assistance;Read and understand written directions; use page numbers to locate information, with assistance;

　　B+: Read unfamiliar text to collect facts;Recognize organizational features, such as table of contents, indexes, page numbers, and chapter headings/subheadings, to locate information with assistance。

　　编辑好所有三种基础水平表现后,通过讨论确定达到基础水平的最终表现特征,如以上述平均水平特征作为基础水平的最终表现水平特征。

　　无疑,内容标准注释法紧扣内容标准,使得表现标准与内容标准紧密关联。但正如卓越评价中心所强调的——注释法需要诸多条件,其中一个关键是内容标准已经比较具体、清晰。反观我国内容标准,不少学科的内容标准还没有具备具体、清晰的特征。因此,采纳内容标准注释法还需要本土化。此外,内容标准注释法本质是用学生能做事情的数量作为划分表现水平的依据,学生在不同指标上要么能做某些事,要么不能做某些事。实际情况非常复杂,如两位学生可能都会 4 件事情,但不同学生在这 4 件事情上的学习表现质量可能是不同的,因此运用内容标准注释法得到的表现水平还需要精致。如两位学生都能做以下 4 项事情:解释分化的含义;推断分化的特点;扩展分化的意义;理解分化程度与分化能力的关系,其中一位学生在"推断分化的特点"更有逻辑。而这如果被认为是达到"优秀"水平的必要条件,那么达到"优秀"水平则往往需要把"推断分化的特点"变为"有逻辑地推断分化的特点"。简要地说,描述不同指标或维度的素养水平还需要借助程度副词或形容词。这就涉及第三种编写方式。

第三种方式是对于某个知识主题罗列出所有维度,对于每个维度进行考察。如把思想性、组织性作为写作的评价维度,那么最高水平特征往往是,"在思想性上非常深刻,组织性很有逻辑",中间水平特征是"思想性比较深刻,组织性比较有逻辑"。这往往要用比较性程度副词或形容词来说明。这种方式的背后思想是,由于表现水平描述语需要表达出各表现水平程度上的差异,因此势必得先思考有哪些指标是可以被评价的;其次是如何用程度副词或形容词修饰各指标。由于动词＋名词组合是描述学习要求的基本句法结构,因此往往会用副词或形容词来描述动词或名词。传统上,人们往往借助下表所示支架,明晰各个水平学生应知与能做什么。[1]

表 5－8　描述各种表现水平特征的基本框架

内容框架	基础 达到该水平的学生应知与能做什么?	熟练 达到该水平的学生应知与能做什么?	高级 达到该水平的学生应知与能做什么?
……			

然后借助形容词或副词来修饰不同指标,以便明确不同维度上学生表现的差异。这种方法以下表所示的伊利诺伊州做法甚为规范。撰写每个表现等级时,从广度(range)、频率(frequency)、熟练(facility)、深度(depth)、创新(creativity)、品质(quality)六个维度描述四种表现水平。[2] 可见,该方法本质是对达成某种学习目标程度的描述。

---

[1] Hansche, L. N.. Handbook for the development of performance standards: Meeting the requirements of Title I [R]. Washington, D. C.: Council of Chief State School Officers, 1998: 82.

[2] Illinois State Board of Education. Physical development and health performance descriptors [EB/OL]. (2011 - 09 - 06). http://www.isbe.state.il.us/.

表 5 - 9   伊利诺伊州描述表现水平特征的六个维度

表现水平	广度	频率	熟练	深度	创新	品质
A	广泛地 （extensively）	始终一贯地 （consistently）	自动地 （automatically）	深深地 （profoundly）	有创意地 （inventively）	优异地 （excellently）
B	完整地 （fully）	通常地 （usually）	迅速地 （quickly）	深刻地 （deeply）	富有想象 （imaginatively）	很好地 （well）
C	部分地 （partially）	偶尔地 （occasionally）	断断续续地 （haltingly）	粗浅地 （cursorily）	平凡地 （commonly）	有限地 （marginally）
D	狭隘地 （narrowly）	罕见地 （rarely）	缓慢地 （slowly）	表面地 （superficially）	模仿地 （imitatively）	较差地 （poorly）

　　相比第二种方式，第三种方式显得比较柔和，考虑了不同指标下学生表现连续体，但也存在不足：一些程度副词或形容词有时往往是相对的，没有如第二种方式那样用"纯粹的"关键行为来区分不同表现水平特征，实际上不同表现水平特征的差异有时往往就体现在关键行为的差异上。

　　本书认为第二、第三种方式完全可以合并。合并好处是，可以用所需"学生表现"的是否存在来初步区分不同表现水平特征的差异，如果这种"学生表现"并非纯粹的"有或无"，那又可吸收第三种描述方式的优点，如果配之于表现样例，可以说清楚表现水平特征。下表节选自第四章中提到的台湾地区阅读素养表现标准，该表现标准是第二、第三种方式综合的典型。总体上由于该表现标准包含的内容相对较少，因此"语文知识"、"综合评鉴"的 A、B、C、D 都包含大致相同的条目，个别地方运用第二种方式，如"综合评鉴"的 A、B、C、D 就没有包括同样条目。同时，在不同等级下又体现第三种方式，如 A 等级的"4"与 B 等级的"4"相差在于"简单"两字。

表 5 - 10   台湾地区阅读素养的表现标准（7—9 年级，节选）

	A	B	C	D	E
语文知识	1. …… 2. …… 3. …… 4. ……	1. …… 2. …… 3. …… 4. ……	1. …… 2. …… 3. …… 4. ……	1. …… 2. …… 3. …… 4. ……	未达 D 级
综合评鉴	1. 能整合、比较文本或跨文本间的重点与支持细	1. 能整合、比较文本或跨文本间的重点与支持细	1. 大致能整合、比较文本或跨文本间的重点与	1. 仅能有限地评鉴文本的逻辑连贯性，或论据、	未达到 D 级

续　表

	A	B	C	D	E
	节，并提出个人观点与证据	节，并提出个人观点	支持细节，并简单提出个人观点	实例的适切性	
	2. 能评鉴文本的逻辑连贯性，或论据、实例的适切性，并说出其依据和理由	2. 能评鉴文本的逻辑连贯性，或论据、实例的适切性	2. 大致能评鉴文本的逻辑连贯性，或论据、实例的适切性	2. 仅能粗浅地指出文本的基本形式	
	3. 能指出并评鉴文本形式的特色与达到的效果，并评论其适切性	3. 能指出并评鉴文本形式的特色与达到的效果	3. 能概略指出或简单评鉴文本形式的特色		
	4. 能指出文本如何反映文化与社会现象	4. 能简单指出文本如何反映文化或社会现象			

2. 基于本土的备择方案。

基于文本实际情况可粗略地把我国内容标准分为两类：第一类的内容标准是比较具体、清晰，可直接编写表现水平描述语。第二类的内容标准还不够具体、清晰，编写表现水平描述语前需先分解内容标准。对于前者，可以直接采取下文（2）、（3）、（4）环节来编写不同表现水平描述语。对于后者则需要采取下文（1）、（2）、（3）、（4）环节来编写不同表现水平描述语。下面主要针对第二类内容标准，重点论述如何针对它进行编写表现水平描述语。

（1）分解内容标准。内容标准分解程序比较复杂，笔者选取《普通高中生物课程标准》中的一条内容标准"说明细胞的分化"[①]来说明课程标准分解的具体步骤。

第一步，寻找关键词。从一条课程标准中找出行为动词和这些动词所指向的核心概念（名词）作为关键词，并予以分类。如"说明细胞的分化"的动词为"说明"，动词所指向的核心概念是"（细胞的）分化"，它们都是这一标准的关键词。

---

① 中华人民共和国教育部. 普通高中生物课程标准[M]. 北京：人民教育出版社，2004：13.

第二步,扩展或剖析关键词。将上述关键词予以扩展或剖析,如"说明细胞的分化"之"分化"可剖析为"分化的含义"、"分化的特点"、"分化的意义"、"分化程度与分化能力的关系"。相应地,"说明"可剖析为"解释"、"推断"、"扩展"、"理解"。

第三步,形成剖析图。针对课程标准的关键词予以展开、扩展之后,由于行为动词和名词被剖析为多种可能,必然会出现多种动词与名词的组合,如上例就可能出现 $c_4^1 \times c_4^1$ 共 16 种组合。如何确定最终的组合有赖于分解者对课程标准的把握以及分解者的自身经验与专业判断。这样我们可将"说明细胞的分化"最终确定的4 种重点组合表示为如下剖析图。

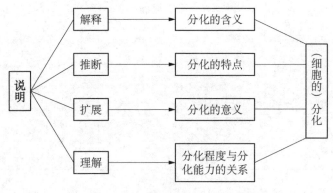

图 5-2 "说明细胞的分化"的剖析图

依据内容标准分解成剖析图确定重点组合后,就可以开始着手叙写内容标准分解后的指标了,具体结果如下:解释分化的含义;推断分化的特点;扩展分化的意义;理解分化程度与分化能力的关系。

具体实务操作时,此步骤宜注意:分解内容标准时,得到的指标范围不能过小,不能对动词和名词做过细分解。这需要参考与该内容标准相关的学科内容的国家课时规定,然后做出专业判断。

(2) 运行内容标准注释法。该环节是为了初步拟定不同表现水平包含的指标。对上述得到的分解结果,运用上述内容标准注释法写出不同表现水平的特征。指标条目可以相同或不同,这视实际情况而定。一般说来,指标比较多的情况下,往往比较容易描述不同表现水平,指标比较少的情况下,可先大致暂时认为所有表现水平具有相同指标,接着用程度副词或形容词来对每个指标做更细致的区分。

(3) 运行程度副词/形容词法。该环节是在前面基础上精致表现水平描述语。

具体撰写时,可针对不同指标或指标组合用不同程度副词或形容词描述不同表现水平特征。

(4) 完善表现水平描述语。完成上述三个环节后,还需要对描述结果进行审核与修改。该环节关键在于回答：第一,表现水平特征是否包含该水平所有学生的表现？即每一水平描述语必须具有足够的包容性,需要包括该水平上所有学生的表现特征；第二,各个水平描述语之间是否具有明显差异？即不同表现水平的分类依据,往往体现在关键技能的差异上；第三,表现水平要求是不是和学生实际水平相差太大？即最终表现水平定稿往往需要结合学生实际表现加以折中。

上述四个环节本质在于先具体化内容标准获得表现指标,然后初步拟定不同表现水平的表现指标条目,接着用程度副词或形容词对表现指标或它们的组合进行程度描述,最后审核、修改表现水平描述语。

第四节　确定表现样例

为便于用户更好地理解表现水平与描述语并为之提供参考点,用学生作品和评价任务来具体附加说明它们的含义是一种实用选择。

一、确定表现样例的途径

表现样例主要包括评价任务与学生作品,可以用不同形式保存,可以是纸质文本、电子文本,或者音像文本等。

按照任务来源确定表现样例的途径可分为两种。一是评价任务是现成的,只需直接挑选符合表现水平及其要求的学生作品,这种表现样例主要来自课堂教学。二是研制者自行研制任务,之后通过外部测试挑选合适的学生作品。

二、确定表现样例的选择：研制表现性任务

选择学生作品相对容易,只需达到相应表现水平即可。研制或选择评价任务则相对困难,其中表现性任务越来越受到重视,目前这方面研究鲜见,亟待进一步

深入探讨。那么,研制表现性任务是否有迹可循? 关于这方面的研究,阿特和柴普斯(J. Arter & J. Chappuis)是集大成者。她们认为,表现性任务开发步骤包括四个步骤: (1)计划,该阶段需要明确评价目的与目标;(2)研制表现性任务,即开发适合评价目的与目标的任务;(3)审核开发结果;(4)修改开发结果。[①]

该框架不可谓不全面,但笔者认为,可将确定评价目标独立为一个步骤,而将评价目的省略。这主要基于两大考虑:一是评价目标自身对于研制表现性任务的重要性。二是作为表现标准的一部分,使用表现性任务的评价目的取决于用户的需要。基于上述分析,本文提出如下研制流程,其优势是凸显评价目标的作用,并以研制"测量木块与桌面动摩擦因素"的表现性任务为例分述这四个步骤。

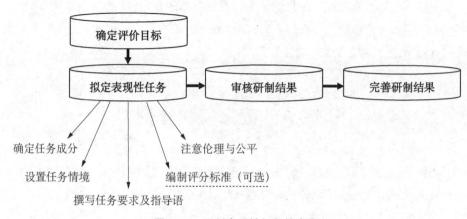

图 5-3   研制表现性任务的步骤

(一) 确定评价目标

只有当研制者非常清晰评价目标,研制表现性任务才有指向性。此处关键是,确定评价目标所指向的认知要求,以及评价目标对应的学科素养或子素养。如果评价目标不清晰,可应用上述目标分解技术确定目标,反之无需分解。如假设有条内容标准为:学生能开展探索性实验"测量木块与木板动摩擦因素大小",由于研制者事先比较清晰评价目标及对应的学科素养或子素养、认知要求,因此可直接写出它们:

① Arter, J. & Chappuis, J.. Creating & recognizing quality rubrics [M]. London: Pearson, 2006: 249-251.

评价目标:"正确理解、应用运动学公式及牛顿第二定律"。

学科素养或子素养:科学探究素养中的制订计划与设计实验、进行实验与收集数据、分析与论证、交流与合作。

认知要求:布鲁姆目标分类(修订版)中的"创造"。①

(二) 拟定表现性任务

具体至研制表现性任务,需要考虑确定任务成分、设置任务情境、撰写任务及指导语、编制评分标准、注意伦理与公平。

1. 确定任务成分:确定学生需要做什么。

任务成分的选择来自评价目标,然后思考如果学生掌握了评价目标将会有哪些表现,这些表现与评价目标之间构成推断关系。如对于上例,基于评价目标可确定学生必须具有如下表现:

运用公式、定律于具体情境;制订适切的实验方案;选择合适的实验仪器;能进行规范的操作;能处理好实验数据;撰写出规范的实验报告;两位学生之间表现出合作行为。

2. 设置任务情境:设计实施表现性任务的条件、场景。

通俗地说,场景是指背景和活动,条件是指表现性任务实施的时间、地点或需要使用的设备等。

依表现性评价之本意,任务情境用以引出学生表现,以便获得推断学生是否具备相关素养的证据。选择与设计情境受评价目标制约,类似"问题解决"评价目标通常要求任务背景和活动是真实的,来自于学生日常生活。因此,条件允许的话,任务应尽量真实。

任务条件同样服务于评价目标,如规定学生可以得到外界帮助就可能降低任务难度,有时过度帮助甚至会改变评价目标本身;反之,学生缺乏条件,他们则没办法完成任务,就无法开展评价,进而导致评价目标成为摆设。如对于上例,依据评

---

① [美]L·W·安德森,等.学习、教学和评估的分类学[M].皮连生,主译.上海:华东师范大学出版社,2007:28.

价目标可设置如下任务条件：

> 仪器包括一块木块、带有定滑轮的 1 米左右木板、砝码、弹簧秤、秒表；时间为 2 个课时 80 分钟；地点在物理实验室。

3. 撰写任务及指导语：撰写任务并给予学生完成任务的必要提示。

一旦确定任务成分、设置任务情境后，就可以把它们整合为表现性任务了。如对于上例，可设计如下任务：

> 请设计一个实验方案，以小组合作的形式来测量木块与木板之间动摩擦因数的大小。你可选择如下仪器：一块木块、带有定滑轮的 1 米左右木板、砝码、弹簧秤、秒表，完成时间为 2 个课时。

而指导语作用是让学生完成任务，而使得学生表现不受粗心等不必要因素影响。从评价目的看，指导语是为了让学生能有更好的表现。从评价目标来看，一旦评价目标确定了，要确保评价效度就必须让学生明白任务，但又不能提供答案提示，或故意设计陷阱使得出现与评价目标无关的其他因素。如对于上例，可能涉及如下部分指导语：

> 你需要研究实验原理，明确动摩擦因数大小计算式子的推理过程，并在实验报告中呈现出这部分内容。

4. 编制评分标准：设置区分学生表现的等级。

评分标准能描述学生不同表现，其编制的关键是将学生的不同表现归类并据此分成不同水平。由于这样的研制工作量非常大，是否具备评分标准取决于研制规划与工作量等因素。

5. 注意伦理与公平：撰写表现性任务不仅是项技术问题，还关乎伦理与公平。

在一个多元文化背景下，一些看似平常的事项都可能会伤害学生自尊。这方面的常见问题有：任务带有歧视性语言；用不同任务评价不同学生，而不同任务指向的评价目标不同；学生在焦虑、紧张甚至危险情况下完成任务等。

（三）审核研制结果

完成上述各个步骤后,可以把它们加以整合以获得表现性任务。审核表现性任务还需要检查:任务成分、任务情境、任务指导语与评价目标的一致性;任务中的伦理与公平问题;如果可能的话,还需要考虑是否需要研制评分标准。

（四）完善研制结果

最后,在应用表现性任务前,重新审视将要使用的表现性任务,并对发现的不足做出相应调整。有时当任务被执行后,如发现新问题,亦可重新修正任务。

第六章　基于数学建模素养表现标准的案例开发：以"圆的周长"为例

前述两章论述了表现标准的研制程序与编制技术,本章作为它们的自然延伸,将基于这些程序与技术,以小学数学建模素养为目标、以"圆的周长"为内容,尝试研制本土的表现标准,探索可能遇到的问题与解决办法。依据案例开发的一般环节,本章主要按照案例开发设计、案例开发过程、案例整体反思三部分内容展开论述。

第一节　案例开发设计

案例开发设计主要包括开发目的、主题选择与样本确定、人员组织与数据收集共三个方面内容,其中开发目的为本案例的逻辑起点。

一、开发目的

基于学科素养的表现标准需要在国家层面来研制,但目前急缺相关研制经验。因此,本研究希望通过案例开发来试探本土研制表现标准可能遇到的问题,以便为后续研制者提供参考经验与建议。

在此,有三点需要特别申明:第一,限于个人研究力量,本研究只能尝试在区域层面来研制表现标准;第二,研制表现标准最好先确定核心素养、学科素养模型,但我国还没有核心素养与学科素养模型。因此,本案例开发过程只能选择基于内容标准来研制(见第四章),先确定"圆的周长"后再来确定其对应的学科素养——数学建模素养,接着参照学科素养模型的构成要素来研制表现标准;第三,限于研究力量与时间,本案例并不拟运用类似第四章后验路径的心理测量方法。

　　事实上,无论是国家层面还是区域层面,研制表现标准总离不开相关程序与技术的应用,总是针对具体、特定的内容标准或学科主题。因此,在这个意义上本案例开发还是具有现实意义的。

二、主题选择与样本确定

　　"圆的周长"是本案例开发主题,它来自《小学数学内容标准》的主题"图形与几何",对应于"测量"的第4条内容标准。其具体要求为:*通过操作,了解圆的周长与直径的比为定值,掌握圆的周长公式;探索并掌握圆的面积公式,并能解决简单的实际问题。*[①] 该内容标准包含非常丰富的信息,主要由"圆的周长"与"圆的面积"构成。经专家建议,本研究选择圆的周长为研制对象。"圆的周长"是小学数学的重点章节之一,有两大特点:一是综合性强;二是与实际生活联系密切,需要运用所学知识解决实际问题。之所以选择"圆的周长",主要基于如下四个原因:第一,该内容对应的内容标准比较具体、清晰,能减少目标分解带来的困难;第二,该内容属于"测量"内容领域,强调数学建模与问题解决,它们可被视为数学素养;第三,在该内容上,合作学校的学生发展水平不平衡,两极分化比较严重,研制出的表现标准将为教学提供有益参考;第四,笔者曾从事过9年理科一线教学工作,对于这部分小学数学内容相对比较熟悉。

　　合作学校所在学区是TQ学区,该学区所在行政区是我国课程改革试验区,截至研究开始时已实施新课程12年有余。选择TQ学区的主要原因是出于研究的便利。2007—2011年,笔者就职于该学区教研室,负责该学区教科研指导工作,与该学区校长、教师拥有良好的工作与私人关系。2011年,辞职到上海攻读博士学位后,由于专业来往,笔者与该学区3位小学校长比较熟悉。此外,该区小学数学教研员是笔者之前同事,与笔者私人关系甚好。在当前教育环境和社会环境下,这些因素能帮助笔者更好地开展研究。当然,选择该学区还有一个非常现实的因素——由于笔者居家于TQ学区附近,选择该学区能为繁忙的家庭事务与学习研究节省大量时间。

[①] 中华人民共和国教育部. 义务教育小学数学课程标准[M]. 北京: 北京师范大学出版社,2011: 39.

三、人员组织与数据收集

为确保案例开发顺利开展,笔者进行了两方面的工作:一方面,精心组建开发小组。开发小组由两部分构成,分别是工作小组与咨询小组。工作小组分为两个子小组,共有4名教师,他们共同讨论、撰写表现标准。他们职称类别为:高级教师(2人)、一级教师(2人)。咨询小组任务主要由校外人员参与,包括1位数学特级教师兼国家小学数学课程标准研制成员[①]、1位数学学科教研员,他们与笔者的任务是为不同轮次的表现标准草稿提供建议。笔者的任务则包括培训开发小组人员,协调研讨时间,交换工作小组的研发成果,促进工作小组之间的讨论与共识,与开发小组一起分析命题与评价结果并提供建议等事宜。另一方面,确定开发小组后还制订了相关规则。这些规则主要包括:每次活动的召集人、活动地点等,主要由3位校长轮流负责安排。活动中每个成员必须上交资料或建议。建立定期讨论机制,这主要为工作小组内部、工作小组之间、工作小组与咨询小组之间的互动提供方便。互动形式有电话、QQ等。

本案例的开发目的是为获取相关研制经验,因此案例反思就显得特别重要。为此,笔者在参与过程中时刻注意收集相关数据,尤其重视来自以下几个方面的数据:澄清表现水平的含义;运用目标分解技术;撰写表现水平描述语;命制试题;从整体的视角看学习目标。获取数据的方式包括现场观察、事后访谈、一些非正式的交流,其中以访谈为主,主要目的是了解参与者对上述方面的感受与看法。为确保数据的有效性,每次访谈记录或其他记录完成后,笔者将再次咨询相关当事人,复核资料的真实性与全面性。

第二节 案例开发过程

案例开发始于2013年2月10日,终止于2013年4月7日。案例开发过程除了相关人员组织、分工外,主要采取了整合路径来研制表现标准,它们体现于下述六个研制流程中。在这六个流程中,工作小组运用了转化学科素养为表现标准的方式、

① 该成员并不亲自现场参与每次活动,只在案例开发前期为提交的研究方案或阶段结果提供建议与反馈。

选择表现标准的呈现方式、拟定表现水平、确定表现样例等技术来编制表现标准。

一、确定"圆的周长"的学习要求指向数学建模素养

本案例需要先明确"圆的周长"所对应的数学素养。工作小组在分解"圆的周长"前,通过查询,发现在它背后体现了数学建模素养[①]:

> 模型思想的建立是学生体会和理解数学与外部世界联系的基本途径。建立和求解模型的过程包括:从现实生活或具体情境中抽象出数学问题,用数学符号建立方程、不等式、函数等表示数学问题中的数量关系和变化规律,求出结果、讨论结果的意义。这些内容的学习有助于学生初步形成模型思想,提高学习数学的兴趣和应用意识。

经过咨询与讨论,工作小组认为它们可代表小学数学学科素养。对于"圆的周长"的学习要求,开发小组认为它应体现上述建模素养的部分内涵,即"从现实生活或具体情境中抽象出数学问题"。在此基础上,确定其认知要求为"转化",即直接辨别可利用的标准模型,直接将现实情景转换成数学问题,直接说明数学结果。

明确"圆的周长"所体所数学学科素养的内涵与认知要求后,工作小组进一步从知识与技能、过程与方法、情感态度与价值观三部分分析该条目。三部分乃有机整体,为便于叙述,兹分别单独陈述如下:

> 知识与技能:了解圆的周长与直径的比为定值,掌握圆的周长公式。
> 过程与方法:通过操作测量、比较、计算圆的周长与直径。它们可被视为学生习得知识与技能、情感态度与价值观的手段。
> 情感态度与价值观:渗透于上述两个过程之中,可将其视为"描述出对数学知识内在美的感受"。该方面其实是伴随上述学习行为而产生的。

[①] 中华人民共和国教育部. 义务教育小学数学课程标准[M]. 北京:北京师范大学出版社,2011:3—10.

二、研习拟定表现标准的基本技术

(一) 研习目标分解技术并加以应用

通过培训,工作小组熟悉目标分解技术后,与笔者一起分解该内容标准。为了减少研究工作量,略去过程与方法、情感态度与价值观方面的要求,下文重点尝试画出知识与技能的剖析图。

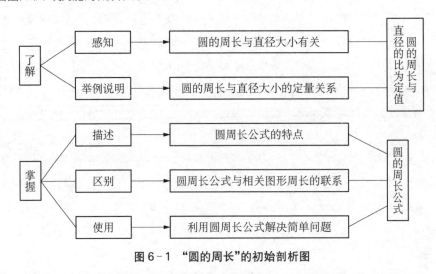

图 6-1 "圆的周长"的初始剖析图

得到上述剖析图后,可得下述 5 条分解结果:

    (1) 感知圆的周长与直径关系的规律;

    (2) 举例说明圆的周长与直径大小的定量关系;

    (3) 描述圆的周长公式的特点;

    (4) 区别圆的周长公式与相关图形的周长公式;

    (5) 使用圆的周长公式解决简单问题。

工作小组非常熟悉这部分内容,目标分解过程比较顺利。实质上,分解过程渗透了建模素养的内涵与认知要求。

(二) 就分解结果工作小组之间达成共识,咨询并修改结果

咨询小组收到上述分解结果后,提出三条建议:在"了解圆的周长与直径的比

为定值"中,明确圆的周长是直径的π倍数关系;"掌握圆的周长"是在"了解圆的周长与直径的比值为定值"基础上的"运用",需加入正方形、长方形内容,其目标定位是辨别圆的周长公式与其他平面图形的周长公式,需要把"描述圆的周长公式的特点"改成"辨别圆、正方形、长方形周长公式";使用适当行为动词。

　　结合反馈意见,重新分解该内容标准,得到下述剖析图与5条分解结果,它们实质是"圆的周长"的学习要求,也是建模素养的具体化。在修改过程,笔者特别提醒工作小组教师,要从整体角度来思考学习目标的要求。

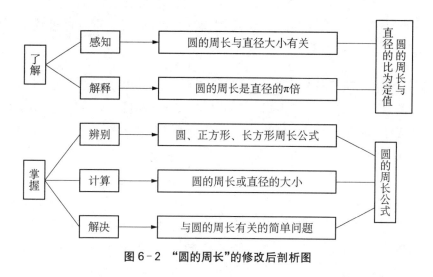

图6-2　"圆的周长"的修改后剖析图

　　(1) 感知圆的周长与直径大小有关;

　　(2) 解释圆的周长是直径的π倍;

　　(3) 辨别圆、正方形、长方形的周长公式;

　　(4) 计算圆的周长或直径的大小;

　　(5) 解决与圆的周长有关的简单问题。

(三) 就内容标准注释法,培训工作小组

　　完成目标分解事项后,笔者专门与工作小组探讨了如何把具体化的结果转化为不同表现水平特征。在这当中,工作小组成员在完成笔者所布置的作业的过程中,与笔者形成了多次互动。

三、依托技术拟定第一稿表现标准

工作小组先考察了近三年学区统考相关的考试资料，了解在"圆的周长"上相关学生的总体表现，考察了学区所属省、市的相关统考题目要求。这些材料由区教研员提供。然后工作小组的两个子小组分头撰写表现标准。具体操作事宜主要由以下内容组成：

（一）先初步确定合格水平涉及的指标条目，然后确定其他表现水平的条目

该步骤先运用了内容标准注释法，经过初步讨论，得到如下结果：

合格水平包含上述四条指标：（1）感知圆的周长与直径大小有关；（2）解释圆的周长是直径的 π 倍；（3）辨别圆、正方形、长方形的周长公式；（4）计算圆的周长或直径的大小，但不能达到第五条指标的要求。

良好与优秀水平除了包含上述四条指标，还包含第五条指标：（5）解决与圆的周长相关的简单问题。

不足水平包含上述四条指标，表现上比合格水平低：（1）感知圆的周长与直径大小有关；（2）解释圆的周长是直径的 π 倍；（3）辨别圆、正方形、长方形的周长公式；（4）计算圆的周长或直径的大小。

落后水平仅包含上述四条指标中的第一条：（1）感知圆的周长与直径大小有关，而在其余三条指标上都没有达到要求。

（二）依据程度副词/形容词法描述出一些细节性的表现水平描述语

撰写行动主要从两大维度进行，即内容标准对应的两句话：了解圆的周长与直径的比值为定值；掌握圆的周长公式。前者包括指标（1）、（2），后者包括指标（3）、（4）、（5）。

具体撰写各表现水平时，依托上述两个维度下各个指标展开描述。如对于"了解圆的周长与直径的比值为定值"维度，优秀水平的表现是"解释圆的周长是直径的 π 倍"（它已包含另外一条指标"感知圆的周长与直径大小有关"）。而对于"掌握圆的周长公式"维度，优秀水平与良好水平都具有该维度下的三条指标，并用副词"灵活地"来区分两种表现水平的差异。

（三）工作小组之间达成共识,得到第一稿表现标准

在上述行动基础上,通过多次讨论协商,工作小组虽然觉得有些地方还有待进一步明确,但一致认为有必要先撰写出第一稿表现标准,而相关争议问题可以先暂时搁置,到后续环节再加以完善。

表6-1　"圆的周长"的第一稿表现标准

优秀	良好	合格	不足	落后
● 能解释圆的周长是直径的π倍 ● 能阐述圆周长与直径、正方形周长与边长的倍数关系。能运用圆周长公式进行计算,并灵活地解决简单问题	● 能解释圆的周长是直径的π倍 ● 能阐述圆周长与直径、正方形周长与边长的倍数关系。能运用圆周长公式进行计算,并解决简单问题	● 能解释圆的周长是直径的π倍 ● 能阐述圆周长是直径的π倍,正方形周长是边长的四倍。能运用公式正确计算圆的周长、直径大小	● 能感知圆的周长与直径大小有关系 ● 能举例说明圆周长是直径的π倍,长方形周长是边长四倍。能运用圆周长公式,机械地解决简单问题,计算中出现错误	● 能感知圆的周长与直径有关 ● 不清楚圆周长是直径的π倍,圆周长公式与正方形周长公式。不能应用圆周长公式进行计算

四、通过专家咨询拟定第二稿表现标准

咨询小组的反馈意见是:圆的周长与直径的比值为定值,是个比值定义,该比值与圆的大小无关,学生不仅要了解这点,还需知道其大小为什么比3略大;"简单问题"可分为两类:一类问题可直接通过套用公式计算圆的直径或周长来解决,另一类问题中任务情境比较真实,需要模型化。依据这些反馈,工作小组经过讨论,认为这两点确实符合学生实际表现,进而修改第一稿表现标准,得到如下结果。

表6-2　"圆的周长"的第二稿表现标准

优秀	良好	合格	不足	落后
● 能说出圆的周长是直径的π倍,并对比值大小范围做出个人解释	● 能说出圆的周长是直径的π倍,并对比值大小范围做出个人解释	● 能说出圆的周长是直径的π倍,并对比值大小范围做出个人解释	● 能感知圆的周长与直径大小有关系,但不能对比值大小范围做出个人解释	● 能感知圆的周长与直径有关 ● 不清楚圆周长是直径的

续　表

优秀	良好	合格	不足	落后
● 能阐述圆、正方形、长方形周长公式之间的区别。能运用圆周长公式进行计算,灵活地解决生活中的简单问题	● 能阐述圆与正方形、长方形周长公式之间的区别。能运用圆周长公式进行计算,并解决生活中的简单问题	● 能阐述圆、正方形、长方形周长公式之间的区别。能运用公式计算圆的周长或直径大小	● 能大致阐述圆、正方形、长方形周长公式之间的区别。机械地运用圆周长公式进行计算,计算中出现错误	π倍,圆周长公式与正方形周长公式。不能应用圆周长公式进行计算

五、基于测试与反馈拟定第三稿表现标准

获得第二稿表现标准后,还需要为它配置相应的表现样例,因此必须研制相关评价任务以获取学生作品。研制评价任务的另一原因是:虽然表现标准是一种绝对标准,具有一定的理想化色彩,但这种要求应该是多数学生能达到的,这需要通过测试来总体判断各个表现水平的要求是否与学生实际表现相差太大。

(一) 命制、试测、完善试题,并实施评价

工作小组依据上述五条评价目标研制试题,并抽取 9 名样本学生,就试题本身咨询他们两个问题:能否看懂题目? 看不懂的地方在哪里? 然后依据学生反映调整、完善题目。如原来的第 3 题,学生对题目的理解有歧义,原因是图形形状缺乏圆的形状特征。后经讨论,做如下修改:

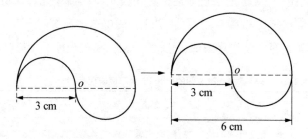

图 6-3　一个试题的修改

同样,工作小组对其他题目也进行了相应修改与调整,这样得到下表所示的 5 大题,它们构成一个整体,用以评价学生的建模素养。其中达到合格水平的学生,

我们预计能完成题目1、2、3、4;达到良好与优秀水平的学生能完成所有题目,但在第5题上显示出不同的思维品质;达到不足水平的学生能完成题目1、2,并部分完成题目3、4、5;达到落后水平的学生可能完成题目1。做出这样判断的重要依据是各工作小组的教学经验,以及往年学生在区统考与市统考中的总体表现。

表6-3　"圆的周长"的练习题

1. 请你说说:圆周长大小与什么有关? 它们有什么关系? 这样的关系你是怎么知道的?
2. 观察右边图形,它由三个半圆组成,请求出该图形的周长?
3. 请观察下图,两只蚂蚁分别沿正方形和圆走一圈,谁走的路程长? 为什么?

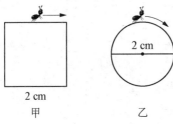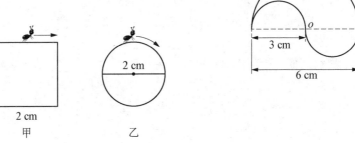

甲　　　　　　　乙

4. "六一"儿童节时候,小明要用一根彩带做一个直径为20厘米的圆,需要买彩带多少厘米? 如果用这根彩带做一个半圆(没有剩余),这个半圆的直径是多少厘米?
5. 今年王大伯承包了一个池塘养鱼,他想在池塘围一圈网,为了帮助他,我们把池塘缩小了1 000倍,画出右边的草图,请你根据草图选择一个合理的方案,估算一下大概需要多少米长的网?(得数保留整米数)

(二) 分析收集到的学生作品,拟定第三稿表现标准

施测对象是该学区所有6年级在校学生,60分钟考试结束后共收取300份作业,然后对这些作业做如下分析。

第一步,对照第二稿表现标准判断每份作业所属的表现水平。由于学生在该学习内容上的各种学习层次差异比较明显,分析过程总体上比较顺利。一些暂时无法确定所处表现水平的作业,工作小组先将其搁置,留待最后讨论。

表6-4　学生作业的分析

作业序号	判断所处表现水平
1	判断属于哪种水平,如有异议,则暂时搁置作业,待议
……	

第二步,依据上述数据,工作小组初步得到了在各个表现水平上的作业数量。

表 6-5 基本统计结果

水平	落后	不足	合格	良好	优秀
频数	8	70	130	50	26

第三步,判断表现水平设置的合理性。结合上述分析步骤,可以看出第二稿合格水平及以上水平的作业达到 206 份,这在一定程度上说明,合格水平及以上水平的学习要求是多数学生能达到的,这样设置是合理的。但在分析过程出现一个突出问题,即存在 16 份不能归类的作业。这主要原因是,部分学生能完成第 4、5 题,不能完成第 2、3 题。

就此,工作小组向咨询小组咨询意见。咨询小组认为,表现标准的重要作用是让学生明白自己所处学习水平,完成第 2、3 题或 4、5 题的学生还是能从相应表现水平的描述中发现自己的不足;研制表现标准需要考虑学生实际表现,但表现标准是种规范要求,并不需要与学生实际情况完全一致。处理这个问题的一个办法是做出逻辑约定:完成第 1、2 两题达到不足水平;完成第 1、2、3 题是达到合格水平的底线;完成第 5 题必须考虑到生活实际,计算结果必须是取整+1,这是达到优秀水平的必要条件;适当提高良好与优秀水平的要求,把原来描述语"能运用圆的周长公式进行计算"改为"能运用圆的周长公式进行熟练计算"。

第四步,确定第三稿表现水平。经过上述处理,得到如下第三稿表现标准。

表 6-6 "圆的周长"的第三稿表现标准

优秀	良好	合格	不足	落后
● 能说出圆的周长是直径的 π 倍,并对比值大小范围做出**个人解释** ● 能阐述圆、正方形、长方形周长公式之间的区别。能运用圆周长公式进行**熟练计算**,灵活地解决生活中的简单问题	● 能说出圆的周长是直径的 π 倍,并对比值大小范围做出**个人解释** ● 能阐述圆与正方形、长方形的周长公式之间的区别。能运用圆周长公式进行**熟练计算**,并解决生活中的简单问题	● 能说出圆的周长是直径的 π 倍,并对比值大小范围做出**个人解释** ● 能阐述圆、正方形、长方形周长公式之间的区别。能运用公式计算圆的周长或直径大小	● 能感知圆的周长与直径大小有关系,但不能对比值大小范围做出**个人解释** ● 能大致阐述圆、正方形、长方形周长公式之间的区别。机械地运用圆周长公式进行计算,计算中出现错误	● 能感知圆的周长与直径有关 ● 不清楚圆周长是直径的 π 倍,圆周长公式与正方形周长公式。不能应用圆周长公式进行计算

六、根据专家与教师咨询意见确定最终表现标准

获得第三稿后,由于相应知识点范围较小,也为了节省研制工作量,因此工作小组讨论决定取消相关试教事项。然后把上述第三稿递交给咨询小组,并咨询10位数学教师,主要得到两条建议:修改相关措辞,如删除"个人"等语言,因为这无需赘言;尽量用正面语言描述,如把原落后水平后续第二条内容一并删除。基于这些建议,为各表现水平选择相应表现样例后,得到下述最终表现标准。

表6-7　"圆的周长"的最终表现标准

优秀	良好	合格	不足	落后
● 能说出圆的周长是直径的 π 倍,并对比值大小范围做出解释 ● 能阐述圆、正方形、长方形周长公式之间的区别。能运用圆的周长公式进行熟练计算,灵活地解决生活中的问题	● 能说出圆的周长是直径的 π 倍,并对比值大小范围做出解释 ● 能阐述圆与正方形、长方形周长公式之间的区别。能合理运用圆的周长公式进行熟练计算,并解决生活中的简单问题	● 能说出圆的周长是直径的 π 倍,并对比值大小范围做出解释 ● 能阐述圆、正方形、长方形的周长公式之间的区别。能运用公式正确计算圆的周长或直径大小	● 能感知圆的周长与直径大小有关系,但不能对比值大小范围做出解释 ● 能大致阐述圆、正方形、长方形周长公式之间的区别。能机械地运用圆周长公式进行计算,计算中出现错误	● 能感知圆的周长与直径有关

节选优秀水平学生表现示例1

6.今年王大伯承包了一个池塘养鱼,他想在池塘围一圈网,为了帮助他,我们把油塘缩小了1000倍,画出了草图(如右图),请你根据草图选择一个合适的方案,估算一下大概需要多少米长的网?(得数保留整米数) 3×1000=3000(㎝)=30m　30×3.14=94.2m≈95m　答:大概就需要95m。

评注:略有瑕疵的是,直径大小为30米的计算缺乏文字说明。

节选良好水平学生表现示例1(节选题目如上)

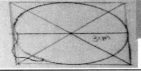

假设池塘是个圆形,它的直径是3㎝,　3×3.14×1000=9420(m)=94.2(m)≈94m　答:大概需要94米长的网。

续　表

评注：答案取整时没考虑生活实际，正确答案应为 95 米。

节选合格水平学生表现示例 1（节选题目如上）

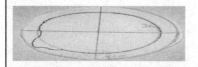

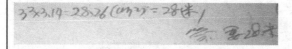

评注：第一步与第二步之间的思路颠倒，应是第二步为先；答案没有取整。

节选不足水平学生表现示例 1（节选题目如上）

评注：错误地套用了面积公式，混淆了概念，而且把直径错误地代入面积公式。

节选不足水平学生表现示例 1（节选题目如上，因该水平学生没有具体表现，作业上基本空白，故缺乏表现样例）

第三节　案例整体反思

回顾整个案例开发过程，从中可发现相关编制技术是可行的，但开发过程也反映出一些问题。

一、访谈数据的分析

为便于分析，进行编码操作，相关编码规定如下：T1—T4 表示四位工作小组教师，F1—F2 表示咨询小组专家，即小学数学教研员；01 表示表现水平研习事项、02 表示运用目标分解技术事项、03 表示描述表现水平事项、04 表示命制试题事项、05 表示协定表现水平位置事项等关键事件,06 表示案例开发整体,并用 A、B 等英文序号表示对同一个人在不同主题的访谈记录。

质性分析一:澄清表现水平与描述语含义。理解表现水平是工作小组成员设置表现标准的必要前提。但通过访谈,可发现成员在开始阶段对此不甚熟悉。

> 各个表现水平不就是按照成绩高低排名吗?我觉得五种水平就是把它们转化为各个分数。(T1-01)

在召开研制表现标准会议之前,笔者已寄送相关资料给参与成员,以便成员熟悉表现标准含义及设置的基本流程。但由于培训时间不够充分,使得个别成员在第一天会议就提出这样的看法,体现出常模参照的思想。将来在前期资料和成员训练方面,需要加强这方面的说明。

质性分析二:运用目标分解技术。对于一些相对不够具体的内容标准,目标分解技术是研制表现标准很关键的技术。

> 目标分解技术不是随便的,需要很高的专业本领。我感觉我们只是注重形式上的分解步骤,没有真正把原有课程标准的内涵解读到位。(F1-02)
>
> 我看目标分解技术需要更多的人参与讨论,就我们几个人未必能有把握,最好能多召集几个原来课标研制组成员担任顾问。说实话,我不敢说自己就能正确到位地分解。经过反复几次讨论,我有点明白了。(F1-02)

这位咨询小组专家具备很高的专业知能,是该学区公认的数学教学与研究能手。但即便如此,分解过程中还是出现了不少争议。

质性分析三:撰写表现水平描述语。本研究主要是先让教师依据关键行为来区分表现水平,对于一些不好区分的表现,通过程度副词或形容词加以区分。

> 我看注释法没什么神秘的,只要想想学生能做什么、不能做什么,基本就能搞定不同表现水平之间的区别。(T2-03)
>
> 好像有些表现不大好用文字说,用了注释法感觉还有点不够,用一些副词或形容词比较弹性,要是再加个学生作品,我们一线老师有经验,基本能明白的。(T4-04)

上述观点表明,案例总体设计,特别是技术运用,具有一定现实性与可操作性。在接受培训后,工作小组的四位教师都能很好地理解内容标准注释法,以及运用程度副词与形容词来精致表现水平描述语。

质性分析四:试题命制。试题是依据分解后的评价目标研制而成的,试题与评价目标的匹配、表现水平描述语与对应试题的匹配甚是关键。

> 试题1没什么必要的,如果能做后面几道题目,学生肯定就会做的。我认为出最后两道题目就够了。(T3-04)
>
> 现在应试很厉害,学生能做并不表明他们就懂了,第二个题目学生经常见到的。要是有可能就多出几个试题,特别是变化一下题目的形式和内容。(F1-04)

本研究命制的五个题目是个整体,它们是为了引出学生表现,由于学生素养存在不同水平,需要为不同学生提供表现机会。只是限于研究时间、精力等因素,本研究的题目数量还存有改进之处,若将来条件成熟,可适当变化题目的形式。

质性分析五:协定表现水平位置。表现水平本质是抽象的,有时很难划分,需要做专业判断,建置后就成为一种规范。

> 不少学生表现很难归类和描述,只用分数有时还真体现不出,因为有时他们只是计算上出了点错,思维却是正确的。(T4-05)
>
> 我比较喜欢让学生学得快乐点,觉得还是把合格水平要求降低点。(T2-05)
>
> 谢天谢地,总算把这300份试卷看好了,要是再多的话,真是吃不消。(T3-05)
>
> 我看,为表现水平多配置几个案例比较合适,一方面能更好地说明表现水平特征,另一方面让教师明白表现水平具体是什么样子。(F1-05)
>
> 如果样本足够大,这样分析肯定不合理。我看将来可能的话,可以利用一些分数线方式来切割不同表现水平位置,然后再讨论各种水平与原来设想的水平是不是相对吻合。(F1-05)

由于事先考虑只涉及小样本,因此案例只简要地做定性分析。一旦是大样本,这种方法就有很大局限性。

质性分析六：关于目标的完整性。本案例主要针对知识与技能部分，较少关注过程与方法、情感态度与价值观。

> 我们好像较少关心总体三维目标，只有知识与技能的应用，不知道过程与方法、情感态度与价值观如何摆放，这个太难了。另外，还应增加试题的真实性。（F1 - 06 - A）

这主要是因为：情感态度与价值观往往是种累积性结果，很难在特定一条内容标准与表现标准中实现；过程与方法提供学生获得学习的机会和手段，如果规定过细，往往限制教师专业自主性；同时制定三种学习结果的表现标准，不仅带来技术难题，也大大增加工作量。此外，在后续研究中将补充一些更具情境性的样例。

质性分析七：抽样与验证。完成表现标准制订需要大样本，也需要广泛验证。

> 这个案例质量感觉还不错，但能不能推广到全国还需要思考。扩大样本，争取更多的学校参与，认真复核标准，是比较稳妥的办法。（F1 - 06 - A）

限于时间与个人能力，案例指向的范围仅仅限于特定学区，这限制研究结果的普适性。如有可能，还需要扩大样本数量与范围，以及开展广泛的验证。

质性分析八：学科素养。学科素养是研制表现标准的关键。

> 根据你（笔者）的意思，表现标准研制前需要确定学科素养，圆的周长对应的学科素养还比较好确定，是数学学科比较公认的建模素养，但其他内容标准怎么办，小学数学好像没有明确指出学科素养。（F1 - 06 - B）

本案例有点讨巧，其对应的学科素养是比较明确的。从实际情况看，我国各门学科急需明确学科素养。

二、基于访谈发现的建议

基于上述分析，再结合笔者的思考，特为将来我国研制表现标准提供如下

建议:

第一,表现标准研制成员的组成与培训必须审慎考虑。具体化内容标准的本质是文本诠释,会产生不同看法。但无论如何,目标涉及的基本范畴不能出现太大偏差。将来若有条件,应吸收相关内容标准研制组成员参与,并争取获得更大范围的共识。国际上一些教育标准研制都尽可能由同一批人一体化开发内容标准与表现标准,以确保标准之间的一致性。对于我国来说,邀请原内容标准研制者参与,可以有效弥补无法一体化开发教育标准产生的遗憾与不足。标准研制是谋求社会共识的过程,除内容标准研制成员外,还需要吸收学科专家、课程专家、一线教师、测验专家及社会大众等参与。具体研制过程中,研制表现标准的成员会前需接受充分训练,否则将降低结果的可信度。

第二,三维目标的表现标准设置需灵活处理。首先,过程与方法可通过表现样例,特别是表现性任务来转化。如对于上文的"通过操作",可设计出这样的表现性任务——测量不同圆的周长和直径(给定不同圆),并说出它们比值的特征。这样不仅考察知识与技能,也考察过程与方法,然后通过学生表现开发出该特定任务的评分规则,从而间接实现研制过程与方法维度的表现标准;或者直接把"通过操作"转化为行为目标"学生能测量不同圆的周长与直径,并计算它们之间的比值",这样能更直接地把过程与方法转化为学习结果,然后再转化为各种表现水平及其要求。其次,对于情感态度与价值观,可专门规定出年级或年段的表现标准。这种办法比较实际通用,如第三章所示的新南威尔士州科学教育标准(见表3-3)就是以年段为单位描述出相关情感态度与价值观方面的表现标准。

第三,表现水平需适当考虑划定方法。在测验领域,划定表现水平的方法极其常见,如2003年PISA划分六类学生表现水平时,应用项目反应理论,用0.8个Logistic为单位来划分不同表现水平;[①]我国由田慧生等主持的学生成就测评应用了1个标准差来划分不同表现水平,即以平均分为基准,以1个标准差为差距单位确定不同表现水平。[②] 虽然它们都是应用于测试,但也可作为研制表现标准的参考。如果是大样本,可考虑结合这些标准划定方法,考察统计结果与先前表现水平

① 陆璟. PISA能力水平量表的构建及其启示[J]. 教育测量与评价,2010(9):9—14.
② 田慧生,孙智昌.中国小学生学业成就测评报告与测试工具——以小学六年级四门学科为例[M].北京:教育科学出版社,2012:106.

设置的差异,以便最后修正表现标准。

第四,应广泛开展咨询、试办、验证行动。考虑到表现标准的严肃性和科学性,具体至国家层面,咨询、试办、验证工作无疑需要以强大样本为基础。对于咨询方面,参与人员应足够广泛且富有代表性;对于试办方面,应统筹安排工作,考虑学校与地区的多元性,确保学校安心参与试办;对于验证方面,应开展充分、持续的验证工作以确保标准的合理性,尤其是充分借鉴已有的国家教育质量监测中心与各级省市积累的学业测评结果来完善表现标准。

结　语

　　表现标准是课程标准的重要内容,对于保障与监测国家教育质量具有独特的作用。在我国基础教育改革迈向纵深之际,研制表现标准将是我国基础教育发展的必然诉求,是建立教育质量监测与保障体系的需要,是落实我国课程标准的需要,也是走出教师教学困境的需要。在我国学生发展核心素养即将出台、学业质量标准研制呼之欲出的背景下,表现标准势必成为我国未来基础教育的焦点话题。然而,关于表现标准,我们所知有限,我们需要根据历史的回顾、国际的视野来寻求智慧。回顾整个研究,笔者主要开展了以下行动并得出了一些重要结论:

　　一是澄清了表现标准的内涵。历史考察与比较研究表明:表现标准经历了经验化、具体化、概括化三个发展阶段;现代意义上的表现标准以课程与教学为取向,指向学科素养要求,描述学生掌握内容标准程度与证据的规范化学习结果。

　　二是尝试建构了学科素养模型。表现标准扎根于学科素养,是学科素养的表征。而学科素养是学科目标的指向,概括了学科的本质特征。研制基于学科素养的表现标准需要通过学科素养模型来实现,它可由学科素养、学科主题、认知水平、表现水平、问题情境构成。具体研制基于学科素养的表现标准时,学科素养模型架接起表现标准与教育目的、提供了编制表现标准的参照框架。

　　三是提供了基于学科素养的表现标准开发的多样化路径。研制基于学科素养的表现标准需要考察、比较、借鉴国际经验。在组织架构方面,应由专业部门或学术机构负责,广泛吸收教育系统内外人员参与,尤其需要教师参与。在研制路径方面,整合路径是我国合理的选择。在研制流程方面,始于核心素养、建构学科素养模型再开发表现标准,是我国研制表现标准的理想选择,就此需要凸显学科素养模型的地位、加大核心素养融入各门学科素养模型的研究力度。

　　四是厘清了基于学科素养的表现标准的编制技术。编制表现标准需要把学科素养具体化于表现标准的基本构成要素。这种具体化历程的实现需要技术破冰。

通过考察其他国家与地区表现标准的编制,归纳了四种编制技术,它们分别是明确学科素养转化为表现标准的方式;选择表现标准的呈现方式;拟定表现水平;确定表现样例。

五是尝试开发了一个本土的表现标准案例。研制表现标准极具复杂性与专业性,需要经验的积累与借鉴。本研究在借鉴国际表现标准开发经验的基础上,结合我国的现实,探索本土研制表现标准可能遇到的问题,为我国将来研制表现标准提供直接参考。由此,本研究尝试开发了一个本土表现标准案例,通过案例整体反思,从四个方面——表现标准研制成员的组成与培训,三维目标的表现标准设置,表现水平的划定方法,表现标准的咨询、试办、验证,为我国将来研制表现标准提出针对性建议。

上述结论只是对表现标准的一次尝试性的前期探索结果,限于时间和精力,必须客观地指出,本研究还存在一些有待改善之处,例如:所采取的研究方法主要以历史研究为主,相关研究结论更多地是基于学理思考,这在很大程度上表明本研究只能被定位为为我国研制表现标准提供知识基础;研究主要指向认知目标,并没有对动作技能目标、情意目标展开研究。实际上,关于表现标准还有许多亟待探索之处,尤其是如何走出表现标准固有的学科立场?表现标准主要立足于学科,但出于培育一个完整的人考虑,还需要全面促进学生跨学科素养的养成。那么,如何打破学科壁垒?如何实现课程统整?

如何善待那些表现标准无法表达的教育结果?正如本文的研究假设所示,表现标准更多针对的是那些可表现的教育结果,但即便被认为是"肤浅的"生活经验都能开示我们,并非所有的教育结果都能被具体规定。例如对于美的感受与理解,语词就不足以传达它变动不居的意义,更没有什么特别认知技术能告诉我们怎样把握它。那么,是抛弃这些无法表达的教育结果,还是为它们保留足够的自留地?

事实上,本研究只是开启了一段"浪漫的探险",关于表现标准研究还需要更多的有识之士加入,惟其如此我们才能在表现标准研究之旅上走得更远!

参考文献

[中文部分]

[1] [英]D·劳顿.1988年以来的英国"国家课程"[J].华东师范大学学报(教育科学版),1996(4).

[2] [美]L·W·安德森,等.学习、教学和评估的分类学[M].皮连生,主译.上海:华东师范大学出版社,2007.

[3] 蔡清田,陈兴延,等.中小学课程相关之课程、教学、认知发展等学理基础与理论趋向[R].台北:台湾教育研究院,2010.

[4] 蔡清田.课程发展与设计的关键DNA:核心素养[M].台北:五南图书出版公司,2012.

[5] 蔡清田.课程改革中的"素养"(competence)与"知能"(literacy)之差异[J].教育研究月刊,2011(3).

[6] 蔡清田.素养:课程改革的DNA[M].台北:高等教育文化事业有限公司,2011.

[7] 陈桂生.《学记》纲要[J].华东师范大学学报(教育科学版),2004(3).

[8] 陈霞.基于课程标准的教育改革——美国的行动与启示[D].上海:华东师范大学博士论文,2004.

[9] 程晨.德国化学课程中的"学科素养"研究[D].上海:华东师范大学硕士论文,2010.

[10] 程家福,王仁富,武恒.简论我国心理测量的历史、现状与趋势[J].合肥工业大学学报(社会科学版),2001,15(S1).

[11] 丛立新.课程论问题[M].北京:教育科学出版社,2000.

[12] 崔允漷,王少非,夏雪梅.基于标准的学生学业成就评价[M].上海:华东师范大学出版社,2008.

[13] 崔允漷,夏雪梅.试论基于课程标准的学生学业成就评价[J].课程·教材·教法,2007(1).

[14] 崔允漷.关于上海市课程标准研制路线图[R].上海:华东师范大学课程所,2011.

[15] 冯大鸣.美、英、澳教育管理前沿图景[M].北京:教育科学出版社,2004.

[16] 冯忠良.能力的类化经验说[J].北京师范大学学报(社会科学版),1986(1).

[17] 顾明远,石中英.国家中长期教育改革和发展规划纲要(2010—2020)解读[M].北京:北京师范大学出版社,2010.

[18] 胡军.加拿大1—8年级科学与技术教育标准(2007修订版)研究[J].课程·教材·教法,2008(6).

[19] 胡军.学生学习成果评价标准不能在教育标准中缺失——澳大利亚科学课程内容与标准给我们的启示[J].课程·教材·教法,2005(9).

[20] 黄伟,张民选.来自《美国学科能力表现标准》的观照:我国课程标准亟待建设[J].外国中小学教育,2008(3).

[21] 黄颖,吴俊明.浅议PISA科学素养评估的发展变化[J].化学教学,2010(1).

[22] 柯森.基础教育课程标准及其实施研究——一种基于问题的比较分析[D].上海:华东师范大学博士论文,2004.

[23] 柯森.课程标准起源和演进的历史考察[J].华南师范大学学报(社会科学版),2004(6).

[24] 雷新勇,周群.从基于标准的基础教育改革的视角审视课程标准和学业水平考试[J].考试研究,

2009(1).

[25] 雷新勇. 基于标准的教育考试——命题、标准设置和学业评价[M]. 上海：上海科学技术出版社,2011.

[26] 李坤崇. 能力指标解读、转化理念及用之综合活动学习领域实例[M]. 台北：心理出版社,2004.

[27] 林崇德. 从智力到学科素养[R]. 上海：上海市教委,2012.

[28] 林崇德. 论学科素养的结构与特点[J]. 教学月刊(小学版),2002(1).

[29] 林劭仁. 教育评鉴——标准的发展与探索[M]. 台北：心理出版社,2008.

[30] 林语堂. 苏东坡传[M]. 北京：作家出版社,1995.

[31] 刘恩山,汪忠. 生物课程标准(实验)解读[M]. 南京：江苏教育出版社,2004.

[32] 刘尧. 中国教育评价发展历史述评[J]. 北京工业大学学报(社会科学版),2003(3).

[33] 卢晓明,郎建中. 学习能力表现的理论与实践[M]. 上海：百家出版社,2008.

[34] 卢雪梅. 从技术层面谈九年一贯课程能力指标建构：美国学习标准建构的启示[J]. 教育研究咨询,2004(2).

[35] 卢雪梅. 学校课程评鉴的学生学业成就评估——以表现标准报告学生学习成就：以阅读为例[J]. 国教新知,2005(2).

[36] 陆璟. PISA 能力水平量表的构建及其启示[J]. 教育测量与评价,2010(9).

[37] 吕达. 中国近代课程史论[M]. 北京：人民教育出版社,1994.

[38] [美]美国国家教育与经济中心,匹兹堡大学. 美国初中学科素养表现标准[M]. 上海市教育科学研究院,组译. 北京：人民教育出版社,2004.

[39] [美]美国国家教育与经济中心,匹兹堡大学. 美国高中学科素养表现标准[M]. 上海市教育科学研究院,组译. 北京：人民教育出版社,2004.

[40] [美]全美数学教师理事会. 美国学校数学教育的原则和标准[M]. 蔡金华,等,译. 北京：人民教育出版社,2004.

[41] 邵朝友. 评分规则的开发与应用研究[D]. 华东师范大学硕士论文,2007. 台湾中学学生学习成就评价标准(试行)[EB/OL]. (2012 - 12 - 2)http://140.122.106.29/index3.html.

[42] 台湾教育研究院. K - 12 各教育阶段核心素养与各领域课程统整研究总计划书期末报告[R]. 台北：台湾教育研究院,2012.

[43] 田慧生,孙智昌. 中国小学生学业成就测评报告与测试工具——以小学六年级四门学科为例[M]. 北京：教育科学出版社,2012.

[44] 万虎. 论我国教育评价思想的源流历史和发展趋势[J]. 科教导刊,2010(2).

[45] 汪霞,吕林海. 新世纪发到国家基础教育课程改革的背景、理念及启示[J]. 外国中小学教育,2009(8).

[46] 王小禹,袁孝亭. 国外地理课程标准课程目标的特征与趋势[J]. 外国中小学教育,2012(3).

[47] 王玉民. 社会科学研究方法原理[M]. 台北：洪叶文化事业有限公司,1994.

[48] 吴丽君. 从课程的角度评析英国小学的评价改革[M]. 台湾：心理出版社,2003.

[49] 吴明清. 教育研究：基本观念与研究方法之分析[M]. 台北：五南图书出版有限公司,1991.

[50] 吴庆麟. 认知心理学[M]. 上海：上海科技出版社,2000.

[51] 物理课程标准研制组. 普通高中物理课程标准(实验)解读[M]. 武汉：湖北教育出版社,2003.

[52] 夏雪梅. 澳大利亚国家学业质量标准的设计与反思[J]. 全球教育展望,2012(5).

[53] 肖锋. 五种课堂教学目标编写模式述评[J]. 杭州师范学院学报,2000(4).

[54] 徐斌艳. 关于德国数学教育标准中的数学能力模型[J]. 课程·教材·教法,2007(9).

[55] 徐岩,丁朝蓬. 建立学业评价标准,促进课程教学改革[J]. 课程·教材·教法,2009(12).

[56] 许彩禅. 能力概念分析与建构及对台湾中小学教育的启示[J]. 国民教育研究学报,2009(22).

[57] 许明,胡晓莺. 美国基础教育课程标准述评[J]. 教育研究,2002(3).

[58] 学生核心素养研究课题组. "学生核心素养研究"工作进展报告[R]. 北京：中华人民共和国教育

部,2014.

[59] 学生核心素养研究课题组. 我国学生核心素养指标体系总框架论证报告[R]. 北京：中华人民共和国教育部,2013.

[60] 杨光伟,江建国. 美国学科能力表现标准对数学探究学习的启示[J]. 外国中小学教育,2009(5).

[61] 杨龙立. 课程目标的理论研究——课程目标应否存在的探讨[M]. 台北：文景书局有限公司,1997.

[62] 杨启亮. 困惑与抉择——20 世纪的新教学论[M]. 济南：山东教育出版社,1995.

[63] 杨向东,黄小瑞. 教育改革时代的学业测量与评价[M]. 上海：华东师范大学出版社,2013.

[64] 杨向东. 基础教育学业质量标准的研制[J]. 全球教育展望,2012(5).

[65] 杨向东. 课程标准的开发与基于标准的学业水平考试的设计：美国的经验与启示[J]. 考试研究, 2010(1).

[66] 杨小微. 教育研究的原理与方法[M]. 上海：华东师范大学出版社,2002.

[67] [美]约瑟夫·M·瑞安. 基于经典测量理论和项目反应理论的等值与连接[J]. 考试研究,2011 (3).

[68] 曾芬兰. 标准本位评量在班级评量中之挑战[EB/OL]. (2012-12-28). http://www.icsba.org/.

[69] 张凯. 标准参照测验理论研究[M]. 北京：北京语言文化大学出版社,2002.

[70] 张晓蕾. 英国基础教育质量标准《国家课程》及监控系统[J]. 全球教育展望,2012(5).

[71] 张雨强. 开放题编制的理论与技术研究[D]. 上海：华东师范大学博士论文,2006.

[72] 赵敦华. 现代西方哲学新编[M]. 北京：北京大学出版社,2001.

[73] 赵中建. 美国基础教育课程改革的动向与启示[J]. 全球教育展望,2001(4).

[74] 郑旺全. 美国加强基础教育质量的改革尝试——提高学术标准,改善评估体系[J]. 课程·教材·教法,2006(1).

[75] 中华人民共和国教育部. 国家中长期教育改革和发展规划纲要[EB/OL]. (2010—2020). http://www.jyb.cn/china/rdzt/gangyao2010/gy2010/#_Toc254687595,2012-11-11.

[76] 中华人民共和国教育部. 基础教育课程改革纲要(试行)[S],2001.

[77] 中华人民共和国教育部. 普通高中生物课程标准[M]. 北京：人民教育出版社,2004.

[78] 中华人民共和国教育部. 义务教育物理课程标准[M]. 北京：北京师范大学出版社,2011.

[79] 中华人民共和国教育部. 义务教育小学数学课程标准[M]. 北京：北京师范大学出版社,2011.

[80] 中华人民共和国教育部. 义务教育英语课程标准[M]. 北京：北京师范大学出版社,2011.

[81] 中华人民共和国教育部. 义务教育语文课程标准(2011 版)[M]. 北京：北京师范大学出版社,2011.

[82] 钟启泉,张华. 世界课程改革趋势研究[M]. 北京：北京师范大学出版社,2001.

[83] 钟启泉. 从日本的"学力"概念看我国学力研究的课题[J]. 教育发展研究,2009(15—16).

[84] 钟启泉. 现代课程论[M]. 上海：上海教育出版社,2003.

[英文部分]

[1] Abu-Alhija, F. N. Large-scale testing：Benefits and pitfalls [J]. Studies in Educational Evaluation, 2007,33(1)：50-68.

[2] ACARA. Australian Curriculum [EB/OL]. (2012-05-11). http://www.acara.edu.au/home_page.html.

[3] Achieve Inc.. Measuring up a standards and assessments benchmarking report for Montgomery County,Maryland [J]. ERIC, 2003：64.

[4] Ainsworth, L.. "Unwrapping" the standards：A simple process to make standards manageable [M]. Englewood, CO：Lead+Learn Press, 2003.

[5] Airasian, P. W.. Classroom assessment：Concepts and applications. New York, NY：McGraw-Hill, 2001.

[6] Alaska State Board Education &. Early Development. Content and performance standards for Alaska students [EB/OL]. (2011 – 11 – 10). http://www. eed. state. ak. us/standards/pdf/ standards. pdf.

[7] Aldrich, R.. Lessons from history of education [M]. London and New York: Routledge, 2006.

[8] Alexander, L., James, H. T., &. Glaser, R.. The nation's report card: Improving the assessment of student achievement. Report of the Study Group. With a review of the report by a Committee of the National Academy of Education[J]. ERIC, 1978:82.

[9] Arter, J. &. Chappuis, J.. Creating &. recognizing quality rubrics [M]. London: Pearson, 2006.

[10] Aune, B. Standards: Where we've been and where we're going [DB/OL]. (2012 – 04 – 05). http://mnrea. org/wp-content/uploads/2012/11/Conference_Standards_Aune. pdf.

[11] Babbie, E. R.. The practice of social research [M]. Belmont, CA: Wadsworth/Thomson Learning, 2004.

[12] Beck, M.. Standard setting: If it is science, it's sociology and linguistics, not psychometrics [R]. Chicago, IL, 2003.

[13] Black, P. &. Wiliam, D.. Assessment and classroom learning [J]. Assessment in Education, 1998,5(1): 7 – 74.

[14] Bourque, M. L.. Setting student performance standards: The role of achievement level descriptions in the standard setting [R]. New Orleans, LA, 2000.

[15] Bourque, M. L.. Student performance standards on the National Assessment of Educational Progress: Affirmation and improvements [DB/OL]. (2011 – 11 – 18). http://www. nagb. org/ publications/studentperfstandard. pdf.

[16] Bybee, R. W.. Toward an understanding of scientific literacy [C]. In W. Gräber &. C. Bolte (Eds.), Scientific literacy: An international symposium. Kiel: IPN, 1997.

[17] Caldwell, B. J. &. Hayward, D.. The Future of schools [R]. Cambridge University, 1997.

[18] Cizek, G. J.. Setting performance standards: Concepts, methods, and perspectives [M]. Mahwah, NJ: Lawrence Erlbaum Associates, 2001.

[19] Cohen, S. A.. Instructional alignment: Searching for a magic bullet [J]. Educational Research, 1987,16(8): 16 – 20.

[20] Colman, J. S.. Equality of educational opportunity [R]. Washington, D. C.: Officer of Education, U. S. Department of Health, Education, and Welfare, 1966.

[21] CTB/McGraw-Hill LLC. Proposal-Office of Superintendent of Public Instruction [EB/OL]. (2012 – 12- 19). http://www. k12. wa. us/SMARTER/pubdocs/CTB – SBAC – 12Proposal. pdf.

[22] Davis, I. K.. Objectives in curriculum design [M]. New York, NY: McGraw-Hill, 1976.

[23] DfEE. The National Curriculum: Handbook for primary teachers in England [M]. London: HMSO, 1999.

[24] Eckhard, K., Hermann, A., Werner, B., et al.. The development of national educational standards: An expertise [R]. Bonn: Federal Minister of Education and Research (BMBF), 2004.

[25] Education Policy White Papers Project Steering Committee. Standards, assessments, and accountability: Education Policy White Paper [EB/OL]. (2012 – 03 – 12). http://www. naeducation. org.

[26] Einhaus, E. &. Schecker, H.. Modelling science competencies [R]. Malmö, 2007.

[27] Elmore, R. F. E. &. Rothman, R. E.. Testing, teaching, and learning: A guide for states and school districts [M]. Washington, D. C.: National Academics Press, 1999.

[28] Eric, W. C. &. Phoebe, C. W.. Setting coherent performance standards [R]. Paper to be prepared for the TILSA &. SCASS. Council of Chief State School Offlcers, 2006.

[29] Evans, K. M. & King, J. A.. Research on OBE: What we know and don't know [J]. Educational Leadership, 1994,51(6): 12 - 17.

[30] Fetterman, D. M.. Steps of empowerment evaluation: From California to Capetown [J]. Evaluation and Programming Planning, 1994,17(3): 305 - 313.

[31] Glaser, R.. Instructional technology and the measurement of learning outcomes: Some questions [J]. American Psychologist, 1963,18(8): 519 - 521.

[32] Glass, G. V.. Standards and criteria [J]. Journal of Education Measurement, 1978,15(4): 237 - 261.

[33] Goertz, M. E.. State educational standards: A 50-state survey [M]. Princeton, N. J.: Educational Testing Service, 1986.

[34] Good, C. V.. Dictionary of education: Prepared under the auspices of Phi Delta Kappa [Z]. New York, NY: McGraw-Hill, 1959.

[35] Gouvernement du Québec Ministère de l'Éducation. The Québec education proguam (Preschool education and elementary education) [M]. Bibliothèque nationale du Québec, 2001.

[36] Grissom, J. B. & Shepard, L. A.. Repeating and dropping out of school [C]. In L. A. Shepard & M. L. Smith (Eds.), Flunking grades: Research and policies on retention. London: The Falmer, 1989.

[37] Hafner, R.. Standards in science education in Australia [C]. In D. J. Waddington, P. Nentwig, & S. Schanze (Eds.), Make it comparable: Standards in science education. New York, NY: Waxmman, 2007.

[38] Hansche, L. N.. Handbook for the development of performance standards: Meeting the requirement of Title I [R]. Washington, D. C. : Council of Chief State School Officers, 1998.

[39] Hess, K. K., Jones, B. S, Carlock, D., et al.. Cognitive rigor: Blending the strengths of Bloom's Taxonomy and Webb's Depth of Knowledge to enhance classroom-level processes [J]. ERIC: Online Submission, 2009(8).

[40] Holmes, C. T.. Grade-level retention effects: A meta-analysis of research studies [C]. In L. A. Shepard & M. L. Smith (Eds.), Flunking grades: Research and policies on retention. London: The Falmer Press, 1989.

[41] Horn, J. & Joe L. K. (Eds.). American standards: Quality education in a complex world [M]. New York: Peter Lang Publishing, Inc, 2005.

[42] Husen, T. & Tuijnman, A. C. Monitoring standards in education: Why and how it came about [C]. In A. C. Tuijnman & T. N. Postlethwaite (Eds.), Monitoring the standards of education. Trowbridge, UK: Redwood Books, 1994.

[43] Illinois State Board of Education. Physical development and health performance descriptors [EB/OL]. (2011 - 09 - 06). http://www. isbe. state. il. us/.

[44] Jonnaert, P.. Competences and socio-constructivism: A theoretical framework [M]. Bruxelles: De Boeck, 2009.

[45] Kane, M.. Validating the performance standards associated with passing scores [J]. Review of Education Research, 1994,64(3): 425 - 461.

[46] Kendall, J. S. & Susan E.. The systematic Identification of Performance Standards [DB/OL] (2012 - 11 - 08). http://www. mcrel. org/pdf/Standards/5041TG_PerfStnds. pdf.

[47] Koeppen, K, Hartig, J., Klieme, E., etc.. Current issues in competence modeling and assessment [J]. Journal of Psychology, 2008,216(2): 61 - 73.

[48] Kuhn, T.. The structure of scientific revolutions [M]. Chicago: The University of Chicago Press, 1970.

[49] Labudde, P.. How to develop, implement and assess standards in science education? 12 challenges from a Swiss perspective [C]. In D. J. Waddington, P. Nentwig, &. S. Schanze (Eds.), Make it comparable: Standards in science education. New York, NY: Waxmman, 2007.

[50] Langlet, J.. Standards for a lower secondary biology course in Germany: A contribution from MNU [C]. In D. J. Waddington, P. Nentwig &. S. Schanze (Eds.), Make it comparable: Standards in science education. New York, NY: Waxmman, 2007.

[51] Lehmann, S. &. Spring, E.. High academic standards and school reform: Education leaders speak out[R]. Palisades, NY: Governors' Commission Report for New Standards, 1996.

[52] Lewis, A. C.. An overview of the standards movement [J]. Phi Delta Kappan, 1995, 76 (10): 744 - 750.

[53] Lewis, D. M. &. Green, R. The validity of PLDs[R]. Colorado Springs, CO, 1997.

[54] Linn, R. L.. Criterion-referenced measurement: A valuable perspective clouded by surplus meaning [J]. Educational Measurement: Issues and Practice, 1994, 13(4): 12 - 14.

[55] MacDonald, B.. From innovation to reform: A framework for analyzing change [C]. In J. Rudduck (Ed.), Innovation and change. Milton Keynes: Open University Press, 1991.

[56] Manno, B. J.. Outcome-based education: Has it become more affliction than cure? [M]. Minneapolis, MN: Center for the American Experiment, 1994.

[57] Marzano, R. J. &. Kendall, J. S.. A comprehensive guide to designing standards-based districts, schools, and classroom [M]. Virginia: Association for Supervision and Curriculum Development, 1996.

[58] Mcpherson, A.. National testing in Scottish primary school [C]. In P. Broadfoot, B. Dockrell, C. Gipps, etc. (Eds.), Policy issues in national assessment. Avon: Multilingual Matters Ltd, 1993.

[59] Ministry of Education New Zealand. Key competencies and the New Zealand Curriculum [EB/OL]. (2012 - 06 - 08). http://keycompetencies. tki. org. nz/.

[60] Mishler, E. G.. Validation in inquiry-guided research: The role of exemplars in narrative studies [J]. Harvard Educational Review, 1990, 60(4), 415 - 442.

[61] Mississippi Department of Education. Item Specifications for the Mississippi Curriculum Test (2nd ed.) MCT2 Language Arts Test and English II Subject Area Test (Revised January 30, 2008) [EB/OL]. (2012 - 01 - 09). http://www. mde. k12. ms. us.

[62] Murphy, G. L.. Theories and concept formation [C]. In I. Van Mechelen, J. Hampton, R. Michalski, &. P. Theuns (Eds.), Categories and concepts: Theoretical views and inductive data analysis. London: Academic Press, 1993.

[63] National Assessment Governing Board. Policy statement [R]. Washington, D. C., 1995.

[64] National Assessment Governing Board. Reading framework for the 2007 National Assessment of Educational Progress [R]. Washington, D. C., 2007.

[65] National Assessment Governing Board. Science framework for the 2005 National Assessment of Educational Progress [R]. Washington, D. C., 2004.

[66] National Assessment Governing Board. Science framework for the 2011 National Assessment of Educational Progress [R]. Washington, D. C., 2010.

[67] National Education Goals Panel. Promises to keep: Creating high standards for American students [R]. Washington, D. C., 1993.

[68] National Research Council. Adding it up: Helping children learn mathematics [M]. Washington, D. C.: National Academy Press, 2001.

[69] Nentwig, P. &. Waddington, D. J.. Standards: An international comparison [C]. In D. J.

Waddington, P. Nentwig, & S. Schanze (Eds.), Make it comparable: Standards in science education. New York, NY: Waxmman, 2007.

[70] North, B.. The development of a common framework scale of language proficiency [M]. New York: Peter Lang Publishing, Inc. ,2000.

[71] Novak, J. D.. Learning science and the science of learning [J]. Studies in Science Education, 1988,15(1): 77 – 101.

[72] NSWBS. Science stage 6 support document: Part 1 [R]. Sydney: NSW Board of Studies, 2000.

[73] OECD. Definition and selection of competencies: Theoretical and conceptual foundations [EB/OL]. (2011 – 12 – 28). http://www. oecd. org/.

[74] OECD. Performance standarols in the education: In searoh of quality [M]. Organization for Economic Co-operation and Development, 1995.

[75] OECD. PISA 2009 assessment framework: Key competencies in reading, mathematics and science [DB/OL]. (2012 – 09 – 15). http://www. oecd. org/pisa/pisaproducts/44455820. pdf.

[76] Oelkers, J. & Reusser, K.. Developing quality-safeguarding standards-handling differentiation [R]. Bonn: Federal Ministry of Education and Research (BMBF), 2008.

[77] Ontario Education Department. Curriculum framework [EB/OL]. (2013 – 09 – 09). http://www. edu. gov. on. ca/eng/document/curricul/curr97ma/achieve. html.

[78] Perie, M.. A guide to understanding and developing performance level descriptors [J]. Educational Measurement: Issues and Practice, 2007,27(4): 15 – 29.

[79] Popham, W. J.. As always, provocative [J]. Journal of Educational Measurement, 1978,15(4): 297 – 300.

[80] Popham, W. J.. Domain specification strategies [C]. In R. A. Berk(Ed.), Criterion-referenced measurement: The state of the art. Baltimore and London: John Hopkins University Press, 1980.

[81] Popham, W. J.. Modern educational measurement: An practitioner's perspective(2nd ed.) [M]. New Jersey: Prentice-Hall, 1990.

[82] Popham, W. J.. The stultifying effects of criterion-referenced hyperspecification: A postcursive quality control remedy [R]. Los Angeles, CA: University of California Los Angeles, 1994.

[83] Qualifications and Curriculum Authority. National curriculum assessment regulatory framework: Key stages 1 – 3 [EB/OL]. (2012 – 06 – 08). http://orderline. education. gov. uk/gempdf/184721085. pdf.

[84] Ravitch, D.. National standards in American education: A citizen's guide [M]. Washington, D. C. : Brookings Institution Press, 1995.

[85] Reeves, D. B.. The leader's guide to standards [M]. Danvers: John Wiley & Sons, Inc. , 2002.

[86] Rich, J. M. A philosophical analysis of educational standards [J]. Educational Theory, 1967,17(2): 160 – 166.

[87] Robbins, J. H.. Applications of process control for the maintenance of standards and the quality assurance of results in a connoisseurship model of assessment [R]. Baku, 2007.

[88] Rumtini, S.. Aligning instructional practices with content standards in jounior secondary schools in Indonesia [M]. Provo, UT: Department of Educational Leadership and Foundations, Brigham Young University, 2010.

[89] Sadler, D. R.. Specifying and promulgating achievement standards [J]. Oxford Review of Education, 1987,13(2): 191 – 209.

[90] Sadler, D. R.. The origins and functions of evaluative criteria [J]. Educational Theory, 1985,35(3): 285 – 297.

[91] Sainsbury, M. & Sizmur, S.. Level descriptions in the National Curriculum: What kind of

criterion referencing is this? [J]. Oxford Review of Education, 1998,24(2): 181 - 193.

[92] Schecker, H. & Parchmann, I.. Standards and competence models: The German situation [C]. In D. J. Waddington, P. Nentwig, & S. Schanze (Eds.), Make it comparable: Standards in science education. New York, NY: Waxmman, 2007.

[93] Shepard, L. A. & smith, M. L.. Synthesis of research on grade retention [J]. Educational Leadership, 1990,47(8).

[94] Solomon, P. G.. The curriculum bridge: From standards to actual classroom practice(2nd ed.) [M]. Thousand Oaks, CA: Corwin Press, 2003.

[95] Squires, D. A.. Aligning and balancing the standards-based curriculum [M]. Thousand Oaks, CA: Corwin Press, 2005.

[96] Suwarno, R.. Aligning instructional practices with content standards in junior secondary schools in Indonesia[D]. PhD dissertation of Brigham Young University. Pro Quest Disserations and Theses, 2011.

[97] The Academy of Dental Therapeutics and Stomatology. Educational goals and objectives [DB/OL]. (2012 - 10 - 10). http://www. ineedce. com/courses/1561/PDF/.

[98] Thomas, R. M.. Approaches to setting and selecting achievement standards [C]. In J. P. Keeves, A. Tuijnman, & T. Postlethwaite (Eds.), Monitoring the standards of education: Papers in honor of John P. Keeves [M]. London: Pergamon Press, 1994.

[99] TIMSS. Assessment frameworks [EB/OL]. (2013 - 01 - 07). http://pirls. bc. edu/timss2011/frameworks. html.

[100] Tirrabcem, H.. Assessment, accountability, and standards: Using assessment to control the reform of schooling [C]. In A. H. Halesy (Ed.), Educational culture, economy, society. London: Oxford University Press, 1997.

[101] U. S. Department of Education. America 2000: An education strategy [R]. Washington, D. C., 1991.

[102] Vinovskis, M. A.. Overseeing the nation's report card: The creation and evolution of the National Assessment Governing Board (NAGB) [EB/OL]. (1998 - 11 - 19). http:// www. Nagb. org/Pubs/pubs. html.

[103] Waddington, D. J., Nentwig, P., & Schanze, S. (Eds.), Making it comparable: Standards in science education. New York, NY: Waxmann 2007.

[104] Weiglhofer, H.. Austria at beginning of the way to standards in science [C]. In D. J. Waddington, P. Nentwig, & S. Schanze (Eds.). Make it comparable: Standards in science education [M]. New York, NY: Waxmman, 2007.

[105] Weil, D. Couching the standards debate in historical terms: Developing a dialectical understanding of the standards debate through historical awareness [C]. In A. Raymond, J. Horn , & Joe L. Kincheloe (Eds.), American standards: Quality education in a complex world. New York: Peter Lang Publishing Inc. , 2001.

[106] Weinert, F. E.. Concepts of competence [DB/OL]. (2012 - 02 - 18). http://www. statistik. admin. ch/stat_ch/ber15/deseco/weinert_report. pdf.

[107] Wiliam, D.. Construct-referenced assessment of authentic tasks: Alternatives to norms and criteria [R]. Athens, Greece, 1997.

[108] Yin, K. R.. Applications of case study research [M]. London: Sage, 2003.

后记

该书主要修改自我的博士论文,回想论文与本书的完成过程,许多事情历历在目,这一路受惠的善意和教益,一次又一次地让我深深感激。

感谢恩师崔允漷教授,您的学术指导与处世智慧让我成长了不少。从开题报告到论文定稿,每个环节都留下了先生的字迹。难忘先生的大观念,让我明白如何思考论文框架。也难忘先生的严谨治学,让我明白即便一个标点符号也要认真对待。更难忘先生的大气。那时不太懂事,总以固定概念看待人与事,这种分别心蒙蔽了双眼,使我变得斤斤计较。先生总是以身作则开示我,不要只看到自己,还要多考虑他人,心胸开阔才能看到大世界。

感谢我的同门,这三年你们给予我很多帮助。老朱,你总是出现在我困难时刻,为我排忧解难;老余,是你在大年初五问我用钱是否紧张,邀请我去萧山走走;老王,虽然与你联系不多,其实你默默地帮助我许多;张斌,每当我遇到求职问题时,你总是细致地向我传授该如何应对;雨强,是你在我对论文失去信心时,总安慰我说没有问题。还有澄宇、志忠、文叶、黎黎、李锋、刘辉、宣成、珊云、中男、士果、郑蕾、小平、冰如、家延、雷浩、林凌、黄山……此刻这些热烈而温润的名字闪现在我脑海。

感谢钟启泉教授、吴刚平教授、胡惠闵教授、周勇教授、刘良华教授、杨向东教授对我论文的指导,你们的宝贵意见对我帮助很大。从攻读硕士到攻读博士,华东师大课程所的老师们给我留下了深刻的印象,你们严谨的治学、包容的胸怀、对话的精神,将时刻提醒我如何善待学问、善待他者。

感谢同窗姜亚洲、张良、冯加渔、范敏、刘春香、斯海霞、汪明帅等,尤记得我们一起K歌的欢乐。感谢周坤亮,这几年我们分享了各自的故事,你是好样的。

感谢我的老朋友陈体敢先生,是你在我最为困难的那段时间,经常来医院附近的旅馆来陪我,用实实在在的行动告诉这世界,尽管有时不需要对他者抱有期待,但真正的友谊还是存在于这大地。

　　特别感谢我的家人。感谢我的妻子周明女士，这些年来你承担了太多太多！尽管"爱是不需要说对不起的"，在此还是换种方式向你由衷表示歉意！感谢我的女儿邵子夷同学，请原谅这些年父亲经常不能陪你，希望以后日子里我们多多相处。感谢父母的养育之恩！是你们让我明白没有计算的心何以那么自然，是何让我不时地感到温暖和力量！

　　于我，这世上再也没有什么比这些善意和教益更为动人，我愿用全部的心来拥抱这满满的一切！在此，谨以此书献给你们，也以此书作为我重装上路的见证。

邵朝友

2016.04.28